W0047995

Die Freiheit,
Sieg des Geistes

Aus dem Französischen übersetzt
Originaltitel:
La liberté, victoire de l'esprit

Editions Prosveta S.A. – B.P. 12 – 83601 Fréjus, Cedex (France)

Gesamtherstellung: DPS Grimm, Rottweil, Tel. 0741-94 944 94

ISBN 3-89515-046-0
Bisherige ISBN 1.-2. Auflage 2-85566-349-0
Französische Originalausgabe: ISBN 2-85566-228-1

Omraam Mikhaël Aïvanhov

Die Freiheit, Sieg des Geistes

4. Auflage

Reihe Izvor - Band 211

PROSVETA VERLAG

INHALT

*Da Meister Omraam Mikhaël Aïvanhov
seine Lehre ausschließlich mündlich überlieferte,
wurden seine Bücher erstellt aus stenografischen
Mitschriften, Tonband- und Videoaufnahmen
seiner stets frei gehaltenen Vorträge.*

I

DIE PSYCHISCHE STRUKTUR
DES MENSCHEN
(PLATZ UND AKTIVITÄT DES GEISTES)

Mein ganzes Leben hatte ich nur ein einziges Ziel: den Menschen nützlich zu sein. Das ist meine einzige Sorge, mein innigster Wunsch. Ich kenne ihre Lebensumstände, ich bin nicht so blind, ihre Schwierigkeiten nicht zu sehen. Um sich jedoch nicht völlig unterkriegen und zerstören zu lassen, sollten sie Methoden kennen, die ihnen Tag für Tag helfen, ihr inneres Leben zu stärken.

Das folgende Schema faßt alle Methoden unserer Lehre zusammen; ich glaube, daß ihr noch nie eine ähnliche Aufstellung gesehen habt. Im Augenblick seht ihr nur einzelne Wörter, die keine Beziehung miteinander haben. Aber wenn sie näher erklärt, verbunden und im Zusammenhang gesehen werden, erkennt ihr ihre Bedeutungen und Entsprechungen ganz klar.

Diese Tafel kann als synoptisch bezeichnet werden, denn sie bietet eine Übersicht über das

PRINZIP	IDEAL	SPEISE	BEZAHLUNG	TÄTIGKEIT
GEIST	EWIGKEIT	FREIHEIT	WAHRHEIT	IDENTIFIZIERUNG
SEELE	UNENDLICHKEIT	SELBSTLOSIGKEIT	EKSTASE	KONTEMPLATION ANBETUNG GEBET
VERSTAND	KENNTNIS WISSEN LICHT	GEDANKE	WEISHEIT	MEDITATION
HERZ	BEGLÜCKUNG WÄRME	GEFÜHL	LIEBE	HARMONISCHE, KÜNSTLERISCHE TÄTIGKEIT
WILLE	MACHT BEWEGUNG	KRAFT	ATEM GESTIK	ATMUNG GYMNASTIK
KÖRPER	GESUNDHEIT LEBEN	NAHRUNG	GELD	KÖRPERLICHE ARBEIT

gesamte Wesen des Menschen und die seinen verschiedenen Fähigkeiten entsprechenden Aktivitäten. Sie hat fünf senkrechte Spalten.

Die erste betrifft die Prinzipien, aus denen der Mensch besteht: physischer Körper, Wille, Herz, Verstand, Seele und Geist. Die zweite Spalte ist mit „Ideal" überschrieben, weil jedes Prinzip ein ihm eigenes Ideal anstrebt.

Damit nun ein Prinzip „sein" Ideal erreichen kann, muß dieses gefördert,unterstützt und genährt werden; deshalb heißt die dritte Spalte „Nahrung".

Die beiden letzten Spalten schließlich betreffen die Bezahlung, d.h. den Preis für die Nahrung, sowie die Aktivität, d.h. die Arbeit, die man für diese Bezahlung verrichten muß. Zwischen den Begriffen besteht also eine völlig klare und logische Verbindung.

Um das ganze verständlicher zu machen, wollen wir mit dem physischen Körper beginnen. Jeder weiß, was der physische Körper ist, jeder hat mit ihm zu tun, er ist sichtbar und greifbar: eine Realität, an der niemand zweifeln kann. Das Ideal des physischen Körpers ist die Gesundheit. Für ihn gibt es nichts Wichtigeres und Kostbareres als gesund, stark und kräftig zu sein; diese Vitalität bezieht er aus allen möglichen festen, flüssigen und gasförmigen Nahrungsmitteln. Ohne Nahrung stirbt er. Wer über-

leben will, der muß essen, das wissen sogar die
Kinder. Aber die Nahrung kostet Geld und um
Geld zu besitzen, muß man arbeiten. Ihr kennt
die Geschichte... Ein Steinhauer wird gefragt:
„Antonio, warum klopfst du Steine?" – „Um
Geld zu verdienen." – „Und wozu brauchst du
Geld?" – „Um Makkaroni zu kaufen." – „Und
wozu brauchst du Makkaroni?" – „Um etwas
zum Essen zu haben." – „Und wozu ißt du?"
„Um neue Kräfte zu schöpfen." – „Und wozu
brauchst du Kräfte?" – „Um Steine zu klopfen..." Ein endloser Kreislauf! Wenn man also
essen will, braucht man Geld, und um Geld zu
verdienen, muß man arbeiten. Das ist ein klarer
Fall, das begreift ihr, nicht wahr?

Aber ihr habt noch nie daran gedacht, daß
das, was euch auf physischer Ebene ganz klar er-
scheint, auch auf anderen Ebenen existiert. Wille, Herz, Verstand, Seele und Geist haben ebenfalls ein ihnen eigenes Ziel. Um dieses Ziel zu erreichen, brauchen sie Nahrung und um die
Nahrung zu erwerben, ist Geld notwendig; das
Geld wiederum verdient man, indem man eine
bestimmte Arbeit verrichtet. Wenn ihr alle Ein-
zelheiten dieser Aufstellung vollkommen begriffen habt, besitzt ihr den Schlüssel zur Psyche des
Menschen.

Der physische Körper ist natürlich Träger aller anderen, feinstofflichen Prinzipien. Seele und

Geist wohnen zum Beispiel nicht vollkommen im physischen Körper; sie manifestieren sich jedoch durch ihn, durch das Gehirn, den Solarplexus, die Augen... Wer äußert sich durch eure Augen, wenn ihr jemanden mit inniger Liebe, großer Reinheit und strahlendem Licht anseht? Die Augen sind Teil des physischen Körpers; aber wer manifestiert sich durch sie? Wer benutzt sie als Ausdrucksmittel? Vielleicht ist es die Seele, vielleicht der Geist, vielleicht Gott selbst... Wenn ihr jedoch jemandem einen bösen Blick zuwerft oder ihm böse Worte sagt, die ihn krank machen, dann äußern feindliche Kräfte sich durch euch und zerstören ihn. Unser physischer Körper ist also oft nur Übermittler und Werkzeug für gute oder böse Kräfte, die in ihm und außerhalb von ihm existieren.

Welches Ideal hat nun der Wille? Er verlangt Macht und Bewegung. Ihr werdet sagen: ,,Aber er kann auch Weisheit, Intelligenz oder Schönheit verlangen..." Nein, das sind nicht seine Gebiete, das fordern andere Prinzipien. Man kann den Willen zwar einsetzen, um seinen Verstand zu entwickeln oder ein Kunstwerk zu schaffen, aber was ihn selbst betrifft, so verlangt und fordert er nur Macht und Bewegung. Er will nicht untätig sein, er will sich beschäftigen, die Dinge berühren, bewegen, verändern.

Aber der Wille braucht genau wie der Körper Nahrung, um sein Ideal zu verwirklichen, und diese Nahrung ist die Kraft. Durch sie wird er energisch, während er ohne sie verkümmert. Zahlungsmittel, d.h. also das dieser Ebene entsprechende „Geld", ist die Bewegung. Ja, man sollte immer Stillstand und Trägheit aufgeben, um Energien anzuregen, auszulösen und handzuhaben. Wenn der Wille handelt und sich in Bewegung setzt, „kauft" er Kraft und wird mächtig. Die erste aller Bewegungen ist der Atem. Sobald ein Kind geboren wird, atmet es und setzt dadurch alles andere in Bewegung.

Wer Geld verdienen will, um Nahrung für seinen Willen zu „kaufen", sollte sich an die Ausführung bestimmter Übungen unserer Lehre gewöhnen: Atem- und Gymnastikübungen*, Paneuryhthmie** usw. All diese Übungen stärken die Willenskraft. Ihr könnt natürlich noch viele andere Tätigkeiten des täglichen Lebens hinzufügen, die man nicht alle aufzuzählen braucht. Es gibt eine ganze Menge, die ihr kennt, aber ich spreche hier von Übungen, die hauptsächlich das spirituelle Leben betreffen.

Ihr habt vielleicht geglaubt, daß diese Übun-

---

* Siehe Band XIII der Gesamtwerke.
** Über die Paneurhythmie gibt es ein Sonderheft und eine Kassette.

gen nicht so sehr den Willen entwickeln, sondern eher dem Körper Vitalität bzw. dem Herzen Freude geben. Auch das ist wahr, denn alles ist miteinander verbunden. Im Augenblick trenne ich jedoch die verschiedenen Ebenen und verbinde jede mit dem, was ihr entspricht, um besser verstanden zu werden. In Wirklichkeit aber sind die einzelnen Prinzipien nicht voneinander zu trennen. Von den Atem- oder Gymnastikübungen profitiert natürlich auch der Körper: die Gesundheit wird besser, die Lebenskraft stärker, die Gedanken werden klarer und ihr fühlt euch freier und fröhlicher. Nichts ist vom Ganzen getrennt, alles ist verbunden.

Betrachten wir nun das Herz. Der Mensch besitzt eine Fähigkeit der Empfindung und Rührung, die man ,,Herz" nennt. Dieses Herz ist nicht das physische Herz der Anatomie und Physiologie; wir sprechen nicht vom Hauptorgan des Blutkreislaufs, das eine Art hydraulische Pumpe ist, sondern von dem wahren Organ der Empfindsamkeit und des Gefühls, das sich im Sonnengeflecht befindet. Ich habe schon oft davon gesprochen* und werde sicher wieder darauf zurückkommen.

Welches Ideal hat nun das Herz? Verlangt es

---

* Siehe: ,,Der Solarplexus und das Gehirn", Band VI der Gesamtwerke.

nach Wissen, Kenntnissen oder Macht? Nein, es verlangt nach Glück, Freude und Wärme, denn Wärme belebt es, während Kälte es tötet. Das Herz nährt sich von allen möglichen Gefühlen, guten und schlechten. Da wir nicht auf alles eingehen können, wollen wir hier nur von den guten Gefühlen sprechen, die die Herzen der Söhne und Töchter Gottes nähren.

Die Münze, mit der man Glück und Freude bezahlt, ist die Liebe. Sobald ihr liebt, wird euer Herz ernährt. Wie oft habe ich schon gesagt, daß weder Reichtum noch Macht oder gar Schönheit euch glücklich machen, sondern nur die Liebe. Liebe macht glücklich! Ihr könnt dem Herzen alles mögliche andere geben, es wird unzufrieden bleiben und sagen: „Gib mir Liebe!" Mit Liebe kann es sich alles kaufen, was es braucht. Wenn ihr jemanden liebt, ist eure Liebe das Geld, mit dem ihr alle möglichen Empfindungen, Gemütsregungen und Gefühle „kaufen" könnt. Durch eure Liebe entstehen täglich Tausende von Gefühlen. Sobald ihr jedoch nicht mehr liebt, habt ihr kein Geld mehr und könnt euch keine Gefühle oder Gemütsregungen mehr kaufen. Ihr empfindet nichts mehr! Wenn ihr eure Frau nicht mehr liebt, könnt ihr sie sooft küssen wie ihr wollt, ihr empfindet trotzdem weder Freude noch Glück dabei. Aber wenn ihr sie liebt, habt ihr auch ohne Küsse unbeschreibliche

Gefühle und Empfindungen ganz einfach durch eure Liebe.

Das Ideal des Verstandes ist das Wissen. Die Nahrung zur Erreichung dieses Ziels ist das Denken. Wenn ich vom Denken spreche, kann man darunter natürlich genau wie beim Herzen ein schlechtes oder ein gutes Denken verstehen, denn es gibt alle möglichen Gedanken. Aber auch hier wollen wir uns nur mit den besten und lichtvollsten Gedanken beschäftigen. Das Denken nährt den Verstand. Wenn ihr nicht nachdenkt, werdet ihr nichts erkennen. Manche Leute sagen: ,,Warum sich den Kopf zerbrechen? Zu viel denken ist gefährlich, man wird verrückt davon.'' Ja, das stimmt, wenn man schlechte Gedanken hat! Aber gute, klare Gedanken sind die beste Nahrung für den Verstand. Wenn ihr euren Verstand nicht ernährt, wird er dunkel und schwach: ihr habt ihn sozusagen verhungern lassen.

Wenn man sich die besten Gedanken ,,kaufen'' will, braucht man Geld, und dieses Geld ist die Weisheit. Nur mit Weisheit könnt ihr die guten Gedanken kaufen, mit denen euer Verstand das ersehnte Licht erwirbt. Die Weisheit ist das Geld... oder besser das Gold, das von der Sonne kommt. Ja, diese Weisheit, das spirituelle Gold, kommt von der Sonne. Mit diesem Gold könnt ihr in den himmlischen Läden genauso einkaufen wie in den irdischen Läden mit dem materiellen Gold. Wenn ihr den himmlischen Wesenheiten gegenüber eure Wünsche äußert, prüfen sie zuerst, ob ihr Gold habt. Wenn ja, füllen sie eure Einkaufstaschen, andernfalls geben sie euch nichts.

Um dieses Geld zu verdienen, muß man arbeiten: lesen, lernen, nachdenken, meditieren. Nun, und wenn in der letzten Spalte des Schemas nicht erwähnt wird, daß auch die Betrachtung des Sonnenaufganges zum Erhalt dieses Goldes führt, könnt ihr dies ruhig hinzufügen. Denn im Frühjahr und Sommer sollte man beim Sonnenaufgang das Sonnengold aufnehmen.

Und das Ideal der Seele? Vielleicht werdet ihr erstaunt sein, daß die Seele weder Wissen noch Licht oder Glück verlangt. Ihr Ideal ist der Raum, die unendliche Weite. Sie will nur eins: sich ausdehnen, zerfließen, sich ins Endlose ausweiten. Ihr Ideal ist die Unendlichkeit. Wenn man sie einengt, ist sie unglücklich. Die menschliche Seele ist Teil der Universalseele und fühlt sich in unserem Körper so begrenzt und eingeengt, daß sie erstickt und nur den Wunsch hat, sich im Raum zu verlieren. Man glaubt im allgemeinen, die Seele wohne ganz und gar im Menschen. In Wirklichkeit weilt nur ein winziger Teil in ihm, der größte Teil führt außerhalb von ihm ein unabhängiges Leben im kosmischen Ozean. Da die Universalseele jedoch Pläne mit uns hat, da sie uns Leben und Schönheit geben möchte, versucht sie in uns einzudringen, um uns mehr und mehr zu prägen. Unsere Seele ist also nicht auf unseren Körper begrenzt, sie ist etwas viel Größeres, das stets nach Unendlichkeit und endloser Weite strebt.

Um dieses Ideal zu erreichen, braucht die Seele Kraft und auch für sie gibt es eine ihr entsprechende Nahrung, nämlich die guten Eigenschaften des höheren Bewußtseins: Uneigennützigkeit, Selbstlosigkeit, Opfergeist, kurz all das, was den Menschen dazu treibt, über seine eigenen Grenzen hinauszugehen und seinen Egoismus zu besiegen. Alle eigennützigen und egoistischen Einstellungen bauen Grenzen und Abtrennungen auf. Sobald man sagt: ,,Das gehört mir!" führt man die Abtrennung ein, während eine selbstlose Einstellung alle Schranken durchbricht.

Auch die Nahrung für die Seele kostet ,,Geld". Dieses Geld, d.h. das einzige Mittel, durch das die Seele im Unendlichen aufgehen kann, ist die Ausdehnung, die Verschmelzung, die Ekstase. Diesen göttlichen Zustand kann man durch Gebet, Anbetung und Kontemplation erreichen. Das Gebet ist die Suche nach der göttlichen Herrlichkeit, und wenn der Mensch diese Herrlichkeit erreicht, wird ihm so weit, daß er sich von seinem Körper losgelöst glaubt. Das ist die Ekstase. Alle, die eine Ekstase erlebt haben, äußern sich in diesem Punkt ähnlich: sie waren nicht mehr auf der Erde in ihrem begrenzten physischen Körper, sondern hatten das Gefühl, in die Universalseele einzutauchen und völlig mit ihr zu verschmelzen.

Die Seele ist das weibliche Prinzip *par excellence,* sie ist ein großartiger göttlicher Ausdruck des weiblichen Prinzips. Der Geist ist der göttliche Ausdruck des männlichen Prinzips. Auch Verstand und Herz stellen das männliche und das weibliche Prinzip dar, aber auf einer niedrigeren Ebene. Die beiden Prinzipien sind in allen Bereichen des Universums unter verschiedenen Aspekten gegenwärtig: positiv und negativ, ausstrahlend und empfangend... Überall finden wir das weibliche und das männliche Prinzip.

Wonach verlangt der Geist? Er strebt weder nach Raum noch nach Wissen, Glück, Macht oder Gesundheit. All das braucht er nicht, denn er ist nie krank, schwach, unglücklich, betrübt oder kalt. Der Geist verlangt nur eins: die Ewigkeit. Da er seinem Wesen nach unsterblich ist, will er sich nicht durch die Zeit begrenzen lassen, er will die Ewigkeit. Ebenso wie der Raum das Reich der Seele ist, ist die Zeit das Reich des Geistes. Deshalb kann ich den Physikern und Philosophen sagen, daß sie das Wesen von Zeit und Raum nie begreifen werden, solange sie das Wesen von Seele und Geist nicht kennen. Denn Raum und Zeit sind Begriffe einer vierten Dimension, die die Seele und den Geist betreffen. Die Wissenschaftler werden die Geheimnisse von Zeit und Raum nicht durchdringen können, solange sie nicht bewußt in ihrer Seele und ihrem Geist die Begriffe von „Unendlichkeit" und „Ewigkeit" vertieft haben.

Um die Ewigkeit zu erreichen bzw. in das menschliche Bewußtsein hinabzuholen – denn der Geist selbst ist seinem Wesen nach ewig – braucht auch er Nahrung. Ihr wundert euch, daß der Geist Nahrung braucht? Ich sagte euch bereits, daß sogar der Herr sich ernährt. Die Nahrung des Geistes ist die Freiheit! Die Seele will sich ausdehnen und der Geist seinerseits will alle Bindungen durchbrechen, die ihn an die Zeit fesseln.

Aber die Freiheit muß erkauft werden. Der Geist braucht also Geld, und dieses Geld ist die Wahrheit. Weder Weisheit noch Liebe können den Geist befreien, sondern nur die Wahrheit. Jede Wahrheit, die ihr einmal über ein bestimmtes Thema erkannt habt, löst gewisse Fesseln. Jesus sagte: „Erkennt die Wahrheit, und die Wahrheit wird euch frei machen." Ja, die Wahrheit macht frei. „Und die Liebe?" werdet ihr sagen. Ah, die Liebe! Sie bindet und fesselt euch eher. Ihr wollt euch an etwas oder jemanden binden? Ruft die Liebe zu Hilfe, denn nichts bindet euch so stark wie sie. Ihr wollt euch befreien? Dann wendet euch an die Wahrheit. Seht einmal, was mit den alten Leuten passiert. Sie erkennen langsam die Wahrheit und da die Wahrheit befreit, lösen sie sich von dieser Welt und gehen ins Jenseits. Wenn man dagegen verliebt ist, will man sich nicht befreien, dann möchte man lieber ewig auf dieser Erde bleiben, bei dem anderen sein und ihn küssen... Denkt einmal darüber nach, ihr könnt nicht umhin, damit einverstanden zu sein!

Um die Wahrheit zu besitzen, muß man etwas tun, eine Arbeit verrichten. Und diese Arbeit ist die Identifikation mit dem Schöpfer. Durch sie nähert man sich dem Herrn, wird eins mit Ihm und erkennt die Wahrheit. Als Jesus sagte: „Ich und der Vater sind eins", sprach er von dem Prozeß der Identifikation. Durch diese Arbeit könnt ihr das Gold verdienen, das man Wahrheit nennt. Und diese Wahrheit lautet: der Mensch ist Geist, ein von Gott kommender Funke, der eines Tages wieder zu Ihm zurückkehrt. Seht ihr, das ist die Wahrheit. Sobald der Mensch dies verstanden, erkannt und gefühlt hat, ist er frei: frei von Leidenschaften, frei von irdischen Zielen, frei von Schmerz und Angst. Dann tritt er in die Ewigkeit ein.

Einige von euch werden erstaunt sein, die Freiheit mit Zeit und nicht mit dem Raum verbunden zu sehen. Sie werden sagen: „Frei sein heißt doch, sich bewegen und von allen Beschränkungen lösen zu können. Die Freiheit müßte also zu dem Bereich der Seele gehören." Nein, man sollte die Freiheit nicht mit dem Raum verwechseln. Die wahre Freiheit besteht nicht darin, sich ohne Einschränkungen fortzubewegen. Stellt euch einen Mann vor, der von seiner Schwiegermutter so geplagt wird, daß er eines Tages seine Koffer packt und in die Berge zieht. Aber sogar dort oben ist er nicht frei. Warum nicht? Weil er die gleichen Vorwürfe und Diskussionen mit sich herumträgt. Körperlich ist er zwar weit von ihr entfernt, aber geistig hat er sie nicht verlassen, denn er denkt ja ständig an sie. Und was für wunderbare Gedanken er ihr schickt! Der Begriff der Freiheit ist nicht an den Raum gebunden, denn der Raum gibt keine wahre Freiheit. Er gibt zwar eine gewisse Bewegungsmöglichkeit, aber die wahre Freiheit ist etwas ganz anderes! Die wahre Freiheit ist das Bewußtsein der Ewigkeit.

„Das ewige Leben besteht darin, dich selbst zu erkennen, Dich, den einzigen wahren Gott",

hat Jesus gesagt. Um welche Erkenntnis handelt
es sich hier? Sicher nicht um das intellektuelle
Wissen, das Wissen von Leuten, die einige Bücher gelesen haben und behaupten: „Ich weiß
Bescheid!" Das wahre Wissen ist etwas anderes:
„Dich erkennen, Dich den einzigen wahren
Gott"; dies bedeutet, mit Ihm eins zu sein, sich
mit Ihm zu identifizieren. Die Identifikation, die
Verschmelzung kann der Mensch nur durch seinen Geist verwirklichen, und erst dann ist er
frei.

Spürt ihr jetzt, wie wahr meine Worte sind?
Wenn ihr mir natürlich mit einer rein intellektu-
ellen und objektiven Einstellung zuhört, spürt
ihr vielleicht überhaupt nichts und denkt vielleicht sogar, daß meine Worte nicht mit euren
Ansichten übereinstimmen. Aber es ist nicht
meine Schuld, wenn die ganze gegenwärtige
Kultur euch Ideen in den Kopf gesetzt hat, die
euch am Verständnis der Dinge hindern! Ihr
solltet euch beeilen, meine Sichtweise anzunehmen, dann werdet ihr begeistert sein. Ihr werdet
sagen: „Ich habe erkannt, wie wichtig dieses
Schema ist. Ich will es überall mitnehmen und
es studieren, egal ob ich im Zug, in der U-Bahn,
beim Zahnarzt oder bei der Kosmetikerin bin."
Ja, dieses Schema kann euch eine große Hilfe
sein, vermindert seinen Wert niemals.

II

DIE BEZIEHUNGEN ZWISCHEN GEIST UND KÖRPER

Der Mensch hat einen Geist, der seinem Grundwesen nach göttlich ist und an allen Ereignissen des Universums teilhat. Da aber die Materie der für die Botschaften des Geistes aufnahmefähigen Organe nicht fein und subtil genug ist, erreichen nur sehr wenige Botschaften sein Bewußtsein. Genau wie die Alchimisten, die sich nur mit der Umwandlung der Materie beschäftigten, sollte der Mensch sich deshalb um seinen Körper kümmern, ihn vergeistigen und gottähnlich machen.

Die Alchimisten hatten recht, wenn sie sich nur mit der Verwandlung der Materie befaßten. Auch wir sollten in diesem Sinne arbeiten und darauf achten, unserem Körper nur reine Getränke, reine Nahrung und reine Luft zuzuführen, ihn den Strahlen der aufgehenden Sonne auszusetzen und ihn mit den schönsten Formen, Farben und Düften zu umgeben. Jetzt seid ihr überrascht, nicht wahr? Der Geist braucht eure

Fürsorge nicht, er ist allwissend, allmächtig und ebenso frei wie Gott. Ihr müßt euch um eure eigene Materie kümmern und sie verwandeln, damit euer Geist sich im physischen Bereich mehr und mehr äußern kann.

Aber dies ist eine Frage, die selbst von den Spiritualisten noch nicht richtig verstanden worden ist. Viele glauben, den Geist reinigen und veredeln zu müssen, während sie den physischen Körper vernachlässigen und sogar verachten. Da der Geist sich nur unvollkommen durch den Körper manifestiert, halten sie den Geist für unvollkommen und wollen ihn entwickeln, stärken und reinigen. Nein, der Geist ist ein reiner, von Gott kommender Funke mit unbegrenzten Fähigkeiten, der lediglich günstige Äußerungsmöglichkeiten braucht. Es gibt Fälle, daß gewisse Denker, Künstler oder Mystiker außergewöhnlich inspirierte und erleuchtete Zustände erlebten und göttliche Wahrheiten erfuhren, aber kaum begreifen konnten, was mit ihnen geschehen war, wenn sie aus diesem Zustand wieder herauskamen. Dies beweist, daß der Mensch seine phantastischen Fähigkeiten erkennen würde, wenn er seine Aufnahmefähigkeit und sein Wahrnehmungsvermögen steigern und seinem Geist eine Äußerungsmöglichkeit geben würde.

Betrachten wir zum Beispiel auch einen geistig zurückgebliebenen oder kranken Menschen.

Nicht der Geist ist schwach, krank oder gestört, sondern das Organ, durch das er sich äußern soll. Es ist genauso, als gäbe man einem Virtuosen ein verstimmtes Klavier. Er kann sich noch so sehr bemühen und so viel Talent haben wie er will, er bringt nur fürchterliche Töne hervor. Die Schuld liegt also nicht beim Virtuosen, sondern beim Klavier. Das Gehirn, durch das der Geist sich äußern muß, entspricht dem Klavier. Ihr seht also, daß der Mensch an der Materie seiner verschiedenen Körper (physischer, Astral- und Mentalleib) arbeiten und sie reinigen muß, weil der Geist ihm sonst keine seiner Fähigkeiten vermitteln kann. Der Geist ist ein göttlicher Funke; die ganze Macht und das ganze Wissen des Herrn sind in seiner Quintessenz enthalten, man muß ihm nur das passende Instrument geben. Der physische Körper ist eines dieser Instrumente, die Gott dem Menschen gegeben hat. Er enthält außerordentliche Reichtümer und ist mit unsagbarer Weisheit geschaffen worden. Und dann gibt es Menschen, die den physischen Körper ablehnen und mißachten, weil er Materie ist, während der Geist natürlich edel und göttlich ist... versteht ihr?

Ihr werdet jetzt natürlich sagen, daß die Menschen heutzutage die Bedeutung des physischen Körpers sehr wohl erkannt haben. Ja, aber nicht in dem Sinne, wie es hätte sein sollen. Sie

verschaffen dem physischen Körper Nahrung,
Hygiene, Komfort und sinnliches Vergnügen
und geben ihm ein anziehendes und verführeri-
sches Aussehen, aber sie machen ihn nicht zu
einem Instrument des Geistes. Es heißt in den
Evangelien: „Ihr seid Tempel des lebendigen
Gottes." Wer ist nun der Tempel Gottes? Der
Geist oder der Körper? Der Geist kann es nicht
sein, denn er hat keine Materie; er ist der Prie-
ster, derjenige, der die Zeremonie abhält. Der
Tempel ist ganz eindeutig der physische Körper,
aber das ist noch nicht richtig verstanden worden. Es gibt so viele Stellen in den Evangelien,
deren Sinn noch enthüllt werden muß!

Der Geist ist Sohn Gottes, ein unsterbliches
Prinzip, was könnten wir ihm noch hinzufügen?
Unsere Arbeit gilt dem physischen Körper. Unsere Probleme, Schwierigkeiten und Leiden betreffen unseren Körper. Er muß so rein, lebens-
stark und fein werden, daß weder das Böse noch
Krankheiten ihn angreifen können und er zu
einem wahren Übermittler des Geistes wird, damit der ganze Himmel sich durch ihn offenbart
und er alle Herrlichkeiten des Universums zum
Ausdruck bringt. Zur Zeit ist der physische Körper natürlich kein Tempel, sondern eher eine
Spelunke, in der die ganze Hölle zum Fest gela-
den ist. Man benutzt ihn für die abscheulichsten
Dinge und meint, er sei dafür da. Nein, der Kör-

per sollte zu einem idealen Instrument des Geistes werden; wenn er das ist, kann er heilen, Licht ausstrahlen und sich frei im Raum bewegen. Ihr werdet sehen, daß der Mensch eines Tages mit seinem physischen Körper wunderbare Dinge vollbringen wird. Für den Geist ist dies sehr leicht: wenn er den groben, schwerfälligen Körper verläßt, kann er überall hingehen, er ist frei, nichts hält ihn zurück; er kann bis zu den Sternen aufsteigen oder in die Tiefen des Ozeans eindringen... Der Körper jedoch ist für solche Unternehmungen noch nicht bereit.

Das eben Gesagte ist sehr wichtig. Die Geschichte zeigt, daß die Menschen nur sehr selten wußten, welchen Platz sie dem Geist bzw. dem Körper geben sollten. Für manche war nur der Geist von Bedeutung, während der Körper so mißachtet wurde, daß er zugrunde ging. Wenn aber der Körper wirklich so verabscheuenswürdig wäre und es nur auf den Geist ankäme, brauchte man nicht auf die Erde hinabzukommen, sondern könnte oben in den Gebieten des Geistes bleiben. Wenn man auf der Erde inkarniert ist, hat man eine Arbeit zu verrichten. Die Aufgabe des Geistes besteht darin, herabzukommen, einen physischen Körper anzunehmen und an der Erde zu arbeiten, damit aus ihr ein herrlicher Garten wird, in dem der Herr weilen kann. Wenn der Mensch die Materie verachten

soll, warum ist er dann in sie herabgestiegen?
Warum sollte er in sie eindringen, wenn nicht,
um sie zu sublimieren und sie so lichtvoll und
durchsichtig zu machen wie der Geist? Als Jesus
sagte: ,,Dein Wille geschehe wie im Himmel
also auch auf Erden", meinte er damit auch, daß
die Herrlichkeit des Geistes in die Materie hinabsteigen soll. Wenn die Menschen sich auf der
Erde inkarnieren, vergessen sie leider die Aufgabe, die sie zu erfüllen haben. Bis zu ihrer Rückkehr ins Jenseits zerstören und beschmutzen sie
oft nur die Materie, an der sie eigentlich hätten
arbeiten sollen.

Jetzt ist es an der Zeit, sich mit der Materie
zu beschäftigen, worunter sowohl der Körper als
auch die Erde zu verstehen ist; sie müssen ge-
wandelt und vergeistigt werden, denn nur der
Geist belebt, befreit und erleuchtet. Gott hat alle
Reichtümer und alle Möglichkeiten in den Menschen hineingelegt, aber solange er sich nicht bemüht, den Geist in seinen Körper hinabzuholen,
gleicht er einem unfruchtbaren Acker und bringt
nichts zuwege. Obwohl er alles im Überfluß besitzt, sieht es so aus, als hätte er nichts. Die Un-
kenntnis dieser Wahrheit hat auf viele Menschen
eine schädliche Auswirkung. Da sie vieles ent-
behren, was andere besitzen, halten sie sich
selbst für arm und mittellos und die anderen für
bevorzugt. In Wirklichkeit haben sie die glei-

chen Begabungen und Fähigkeiten wie alle anderen; nur haben sie diese noch nicht zum Ausdruck bringen können, weil sie nichts getan haben, um ihren physischen Körper auf ihren
Geist einzustimmen.

Der Unterschied zwischen den Menschen ist
nicht darauf zurückzuführen, daß ihr Geist auf
unterschiedlichen Entwicklungsstufen steht. Jeder Geist ist eine Flamme, ein Funke, eine
Quintessenz, ein Teil Gottes, genauso wie jeder
Wassertropfen im Ozean eine Zusammenfassung
des ganzen Ozeans ist. Der Geist ist immer
gleich. Aber als er sich als Funke vom Herrn lö-
ste, hatte jeder eine bestimmte Aufgabe zu erfüllen, und da die Geistfunken auf ihrem Weg verschiedene Bereiche durchquerten, haben sie un-
terschiedliche Eindrücke, Kenntnisse und Gefühle gespeichert. Der Unterschied besteht also
einzig und allein darin, daß die einzelnen Geistfunken verschiedene Bereiche durchquerten.
Aber in ihrer Essenz, in ihrem Grundwesen, in
ihrer feinstofflichen Wesensart sind sie alle
gleich. Die physischen Körper dagegen sind
nicht alle gleich. Obwohl alle Menschen nach
dem gleichen vollkommenen Modell geschaffen
wurden, ist ihr Entwicklungsstand unterschiedlich, weil sie in früheren Inkarnationen mehr

oder weniger an ihrem Körper gearbeitet haben,
um ihn zu einem Werkzeug des Geistes zu
machen.

In Wirklichkeit ist also alles in uns enthalten.
Aber es ist natürlich klar, daß der Geist Zeit
braucht, um seine Fähigkeiten im Materiellen
und Konkreten zum Ausdruck zu bringen;
nichtsdestoweniger besitzt er diese Fähigkeiten.
Wenn ihr öfter an diese Wahrheit denkt, kann
sie euch bei eurer Entwicklung enorm helfen.

Nehmen wir ein Beispiel. Die Menschen sind
es gewohnt, alles von außen zu erwarten. Dies
ist einerseits ganz normal, denn ohne gewisse
äußerliche Dinge wie Wasser, Luft, Sonne und
Nahrung könnten sie nicht leben. Wir sind Geschöpfe und müssen wie die ganze Schöpfung
zumindest die Nahrung von außen beziehen.
Nur der Schöpfer selbst unterliegt nicht diesem
Gesetz, Er braucht nicht von anderen ernährt zu
werden. Da aber jedes Geschöpf ein Funke Gottes ist, kann es dank des Geistes – der die gleiche
Beschaffenheit hat wie der Herr – alles selbst erschaffen, was es benötigt. Anstatt also alles von
außen zu erwarten – wodurch der Mensch sich
begrenzt, weil er das Ersehnte oft nicht erreicht –
sollte er innerlich durch seine Gedanken, seine
Willenskraft und seinen Geist die Elemente aufnehmen, die ihn nähren und heilen können.
Deshalb ist die Lehre, die ich euch bringe, die

Lehre des Geistes – des Schöpfers –und nicht die der Materie, der Schöpfung. Wenn ihr die Lehre des schöpferischen Geistes nicht akzeptiert, bleibt ihr schwach, begrenzt und den Umständen ausgeliefert.

Der Irrtum der Menschen besteht darin, daß sie sich so stark mit der Materie identifizieren, daß sie ihr völlig erliegen und keine Kraft zum Handeln mehr haben. Sie denken nicht daran, daß sie sich auch mit dem Geist identifizieren könnten, der keine äußeren Elemente zur Schöpfung braucht, sondern alle Elemente aus sich selbst bezieht – genau wie der Schöpfer, der die Welt aus Seiner eigenen Quintessenz erschaffen hat.

Es ist also an der Zeit, die trügerische Realität der Materie zu verlassen, um in die innere Wirklichkeit des Geistes einzutreten, die die Wirklichkeit aller großen Meister ist. Denkt einmal genau über das Thema „Schöpfer" nach! Es liegt an euch, ob ihr Geschöpf bleibt oder zum Schöpfer werdet. Glaubt ihr mir das? Vielleicht glaubt es kein einziger von euch! Doch, ich weiß, daß ihr mir glaubt, aber ihr sagt: „Ach Meister, die Umstände... die Verhältnisse ... das Leben ist so schwierig!" Das weiß ich, sogar besser als ihr. Was meint ihr, wo ich lebe? Ich lebe in genau den gleichen Verhältnissen wie ihr, unter den gleichen Bedingungen, auf derselben Erde. Aber ich denke anders als ihr, das ist der einzige Unterschied.

Wartet also nicht länger auf äußere Hilfe... und glaubt auch nicht mehr, daß alle eure Schwierigkeiten von außen kommen. Die meisten Menschen halten sich selbst für untadelig: Schuld hat immer der Ehemann, der Nachbar, das politische System... oder es liegt am fehlenden Geld, der Nahrung oder dem schlechten Wetter... Diese Menschen würden nie zugeben, daß sie sich durch ihre eigene abstoßende Philosophie eine katastrophale Zukunft aufbauen. Aber gerade sie bringt sie nach und nach in eine ausweglose Situation. Man muß die Philosophie der Materie durch eine Philosophie des Geistes ersetzen, weil man durch sie stark und mächtig, unabhängig und frei wird.

Nun denkt darüber nach. Was für die Geschöpfe gilt, gilt nicht für den Schöpfer. Die Geschöpfe sind zu sehr von der Außenwelt und den Umständen abhängig. Man schickt sie hierhin oder dorthin, und sie müssen sich unterordnen. Ihr solltet also zu einem Schöpfer werden und in den erschaffenden, formenden Bereich des Geistes eintreten; dann wird sich alles ändern, denn ihr seid nicht mehr so sehr von der Außenwelt abhängig, sondern frei und Herr eures Schicksals.

III

SCHICKSAL UND FREIHEIT

I

Im allgemeinen läßt sich vom Anfang einer Sache auf ihren Ausgang schließen. Durch eigene Anstrengung jedoch kann der Mensch den Lauf der Dinge ändern. Natürlich gibt es Ereignisse im Leben, die mit unerbittlicher Härte eintreten und die man mit ebenso großer Genauigkeit vorhersehen kann wie eine Sonnen- oder Mondfinsternis oder Planetenkonjunktionen und -oppositionen; denn alles läuft nach mathematischen Gesetzen ab. Wenn der Geist jedoch eingreift, kann er etwas wegnehmen, hinzufügen oder richtigstellen, so daß die Ereignisse weniger unerbittlichen Gesetzen folgen. Überall dort, wo der Geist sein Siegel einprägt, verändert das Leben sich und wird reiner, schöner und vollkommener.

Nehmt zum Beispiel den physischen Körper. Er gehorcht den Naturgesetzen: er wird geboren, wächst, altert und stirbt. Das ist der normale, gleichsam mathematische Ablauf, an dem

nichts zu ändern ist. Wenn jedoch der Geist sich
einschaltet, kann er bestimmte Vorgänge brem-
sen oder beschleunigen. Beim heutigen Stand
der menschlichen Evolution kann der Geist sich
nicht in seiner ganzen Fülle manifestieren, weil
er von der Materie begrenzt wird. In seinem Bereich, in den höheren Sphären hat er unbegrenzte Möglichkeiten und ist allmächtig, aber in der
Materie braucht er viel Zeit, um alles in der
richtigen Weise zu ordnen. Dank unserer bestän-
digen, täglichen Anstrengungen bahnt er sich jedoch Schritt für Schritt seinen Weg, bis er
schließlich siegt, herrscht und alles wandelt.
Denn der Geist hat sogenannnte ,,übernatür-
liche" Kräfte. In Wirklichkeit ist nichts Übena-
türliches dabei. Wunder und scheinbar den Naturgesetzen widersprechende außergewöhnliche
Ereignisse sind weder übernatürlich noch wider-
natürlich, sie gehorchen lediglich anderen Gesetzen : denen des Geistes.

Die Arbeit des Schülers läßt sich in wenigen
Worten zusammenfassen : anstatt den Geist von
seiner niederen, tierischen Natur beherrschen
zu lassen, ihn zu unterjochen und ständig vom
Paradies fernzuhalten, sollte er nach den Gesetzen des Himmels und des Geistes, nach den
Kräften und Mächten der Ewigkeit handeln, um
seinem täglichen Lebén andere Bestandteile und
Elemente zuzuführen, die er in den höchsten

Ebenen seines Wesens besitzt. Durch seine Gedanken, seine Gefühle, seinen Glauben und seine Anstrengungen verleiht er dem normalen Ablauf der Dinge eine andere Dimension, durch die
die Herrlichkeit des Geistes und die Pracht der
göttlichen Welt zum Ausdruck kommen.

Die Frage des Schicksals, d.h. die Frage in
welchem Ausmaß der Mensch frei oder dem
Schicksal unterworfen ist, wird seit Jahrhunderten diskutiert. Man irrt sich, wenn man glaubt,
daß ausnahmslos alle Menschen den gleichen
Gesetzen gehorchen. Wenn sie natürlich wie die
Tiere leben und nur ihren Begierden und In-
stinkten nachgehen, beherrscht das Schicksal ihr
Leben. Alles kommt, wie es in den Sternen geschrieben steht. Höher entwickelte Menschen
dagegen unterliegen nicht mehr den Gesetzen
des Schicksals, sondern gelangen in den Bereich
der göttlichen Vorsehung und Gnade, wo Licht
und Freiheit herrschen. Die großen Meister der
Menschheit gehören dieser Kategorie an, während die meisten Menschen sich irgendwo zwischen diesen beiden Extremen befinden: sie
sind mehr oder weniger frei, mehr oder weniger
gebunden. Man sollte weder glauben, daß jeder
frei ist, noch daß jeder einem unerbittlichen
Schicksal unterworfen ist. Nein, die Freiheit
hängt vom jeweiligen Entwicklungstand ab.
Durch sein Denken, Fühlen oder Handeln nä-

hert der Mensch sich dem Schicksal oder der
göttlichen Vorsehung. Deshalb ist er in manchen
Bereichen gebunden und dem Karma unterworfen, während er in anderen Bereichen frei ist –
solange, bis er eines Tages die völlige Freiheit
genießt. Seht ihr, meine lieben Brüder und
Schwestern, das ist die Wahrheit, das ist einfach
und klar.

Heutzutage sind alle möglichen Theorien
über die Freiheit im Umlauf, die die Menschen
davon überzeugen wollen, daß sie frei sind. Gut,
sie können an ihre Freiheit glauben, solange sie
die Struktur des Universums und die auf sie ein-
wirkenden kosmischen Kräfte nicht kennen. Sie
glauben auch, selbst Entscheidungen zu treffen
und Urteile zu fällen; sie haben nicht die geringste Ahnung, daß sie meistens ein Spielball
ihnen unbekannter Kräfte sind. Die alten Astrologen haben gesagt: ,,Die Sterne beeinflussen,
aber sie bestimmen nicht" oder auch: ,,Der
Weise steht über dem Einfluß der Sterne." Die
Sterne wirken auf die Menschen ein und beeinflussen sie in die eine oder andere Richtung.
Sehr hoch entwickelte Wesen spüren diesen Einfluß, aber die Sterne können sie nicht zwingen.
Bei schwachen Wesen ist dies anders, sie fühlen
sich von einer unwiderstehlichen Kraft getrie-
ben.

Betrachtet zum Beispiel ein junges Mäd-

chen! Sie sagt zu dem jungen Mann nicht:
„Komm mit mir, küß mich." Sie stürzt sich
auch nicht auf ihn, aber sie verhält sich so, daß
er sich dann auf sie stürzt. Ihr seht, sie hat weder etwas gesagt noch etwas getan, und trotzdem
hat sie ihn angezogen; und er hat sich beeinflussen lassen, weil er schwach ist.Nun, die Sterne
wirken ungefähr wie hübsche Mädchen: sie er-
wecken in euch ein bestimmtes Gefühl oder
Sinnlichkeit, und dann lassen sie euch machen,
denn sie wissen ganz genau, daß ihr bis zum
Ende gehen werdet. Nachher sagen sie dann:
„Aber wir haben dich nicht gezwungen!" Das
stimmt, aber ihr seid schon zu weit gegangen,
und die Folgen sind da.

Ich kann euch anhand von Beispielen zeigen,
daß die Ereignisse für manche unerbittlich eintreten, während sie sich für andere, höher entwickelte Menschen auf einer anderen Ebene ab-
spielen. Nehmen wir einmal an, ein geistig ent-
wickeltes Wesen hätte eine Schuld zu bezahlen:
anstatt auf der physischen Ebene, kann es sie
auch auf astraler oder mentaler Ebene begleichen. Es muß so oder so zahlen, aber es kann
sich die Ebene aussuchen. Wer jedoch noch
nicht so weit entwickelt ist, hat keine Wahl, er
muß entsprechend der für ihn festgelegten Art
und Weise bezahlen. Behaltet das gut und glaubt
nicht, daß man seine Schulden nicht zu bezah-

len braucht. Alles muß bezahlt werden, nur die Art und Weise kann unterschiedlich sein. Die einzige Freiheit liegt in der Wahl der Bezahlung, aber vom Karma kann man sich nicht befreien.

Wenn die Astrologen euch sagen :,, In dem und dem Monat, an dem und dem Tag droht Ihnen ein Unfall, aber wenn Sie dieses oder jenes tun, können Sie ihn vermeiden", raten sie euch unbewußt zur Unehrlichkeit. Wenn die Kenntnis kommender Ereignisse genügen würde, um ihnen zu entkommen, wäre es sehr einfach, dann könnte man allem entgehen. Übrigens habe ich noch nie einen Astrologen gesehen, der irgendeinem Geschehnis entkommen ist! Sie können noch so viele Vorsichtsmaßnahmen treffen, aber dann trifft es sie eben auf eine Art, mit der sie nicht gerechnet hatten, oder es passiert einige Tage früher oder später.

Heutzutage sagen die Astrologen gewöhnlich, daß die für einen bestimmten Tag vorhergesehenen Ereignisse immer etwas später stattfinden. Das ist richtig. Es gibt oft Zeitverschiebungen, aber mit der wahren Astrologie könnte man den genauen Zeitpunkt errechnen. Im Himmel gibt es keine Launen, dort ist alles bis ins Kleinste festgelegt. Die Elemente und Begriffe der heutigen Astrologie sind jedoch hicht besonders gut und nicht ausreichend, denn viele Kenntnisse sind verlorengegangen. Die Astrologen der Vergangenheit waren deshalb hoch geachtet, weil ihre Voraussagen exakt waren. Sie konnten genau vorhersagen, wann, wo und sogar an welcher Körperstelle jemand verletzt werden würde. Diese Wissenschaft ist heute verlorengegangen.

Erinnert ihr euch an die Geschichte aus Tausendundeiner Nacht? Ein Astrologe hatte einem Juwelier vorausgesagt, daß sein einziger Sohn an einem bestimmten Tag sterben würde. Der Händler war sehr bekümmert und wollte um jeden Preis das Unglück verhindern. Er beschloß, für seinen Sohn eine unterirdische Wohnstatt auf einer einsamen Insel einzurichten, was auch geschah. Aber niemand wußte, daß kurz zuvor in der Nähe der Insel ein Schiff gesunken war und es einem jungen Prinzen gelungen war, den Strand zu erreichen. Er lebte also allein auf der Insel und ernährte sich von wilden Früchten.

Eines Tages sah er ein Schiff, das sich der Insel näherte. Eine Gruppe von Dienstboten trug verschiedene Gegenstände und Lebensmittel an Land. Sie wurden von einem alten Mann und einem sehr schönen Jüngling begleitet und gingen auf eine bestimmte Stelle zu, wo sie eine Falltür aufhoben und in die Tiefe hinabstiegen. Kurz darauf verließen sie ohne den jungen

Mann die Insel. Als das Boot sich entfernt hatte, eilte der Prinz zu der Stelle, entdeckte eine Steinplatte mit einem Ring und öffnete sie.Er stieg eine Treppe hinab, die zu einem wunderbar ausgestatteten Raum führte. Dort saß der Jüngling, der durch die unerwartete Erscheinung sehr erschrak. Der Prinz beruhigte ihn, indem er seine Geschichte erzählte; daraufhin lud der Jüngling ihn ein, ihm Gesellschaft zu leisten.

Sie verstanden sich gut, und die Zeit verging sehr angenehm... Aber eines Tages wollte der Jüngling, der auf seinem Bett lag, zur Erfrischung eine Melone essen. Er bat den Prinzen um ein Messer, daß über seinem Kopf auf einem Brett lag, um die Frucht aufzuschneiden. Unglücklicherweise verfing der Prinz sich mit seinem Fuß in der Bettdecke, rutschte aus und fiel auf den jungen Mann, wobei er ihm das Messer ins Herz stieß und ihn auf der Stelle tötete. Der Prinz wußte weder ein noch aus und verließ bestürzt und verzweifelt das unterirdische Gemach. Da sah er plötzlich ein Schiff, das sich näherte. Der Juwelier kam, um seinen Sohn zu holen, denn den Voraussagen nach war die Gefahr endgültig vorbei, wenn bis zu dem Tag nichts passiert war (der Kaufmann war natürlich überzeugt, daß nichts geschehen konnte!). Und dann fand er seinen Sohn tot vor... Dies ist natürlich nur eine erfundene Geschichte, aber sie zeigt, welche Vorstellung die Menschen früher vom Schicksal hatten.

Auch ich habe meine eigene Auffassung dazu. Man kann die Ereignisse nicht umgehen: alles, was geschrieben steht, muß sich erfüllen. Wie ich schon sagte, besteht die einzige Freiheit für den vernuftbegabten Menschen darin, auf andere Weise zu bezahlen. Ihr wißt zum Beispiel, daß euch eine schwere Krankheit bevorsteht, die eure Arbeit unterbrechen wird. Mit dieser Krankheit sollt ihr eine Schuld bezahlen. Gut, aber ihr könnt sie auch durch eine große geistige Arbeit, durch Beten und Meditieren begleichen. Und wenn die Krankheit dann kommt, ist sie nicht so schwer und fesselt euch nur wenige Tage ans Bett, denn ihr habt bereits mit Licht und Liebe bezahlt. Durch ein vernünftiges, geistiges Leben hat euer ganzer Organismus mehr Kraft, und wenn euch aufgrund ungünstiger planetarischer Einflüsse etwas zustößt, habt ihr durch das in euren Zellen angesammelte ,,Geld" Kräfte und Energien, die die Gefahr abwehren. Durch euer sinnvolles, vernünftiges und reines Dasein habt ihr in eurem Organismus Ersparnisse angesammelt, mit denen ihr eure Schulden begleichen könnt.

Ja, ihr wundert euch vielleicht, aber eine geistige Lehre zeigt euch, wie man Geld anhäuft – symbolisch gesprochen. Durch Meditation, Ge-

bet und Versenkung legt ihr jeden Tag einige
Goldstückchen auf den himmlischen Banken an.
Wenn ihr dann auf Schwierigkeiten stoßt, könnt
ihr mit dem angesammelten Reichtum bezahlen,
anstatt zu betrügen, um ihnen zu entkommen.
Deshalb solltet ihr nicht mehr denken:,,Was
nützen schon eine geistige Lehre und geistige
Übungen? Sie machen mich weder reich noch
berühmt", denn dies würde eure Unwissenheit
beweisen. Geistige Erwerbungen sind genauso
wie Ersparnisse, die ihr beiseite legt, um den
Schwierigkeiten des Lebens entgegentreten zu
können.

Vor einigen Tagen suchte mich eine Dame
auf und erzählte mir ihre Probleme. Ich hörte
mir alles an und sagte dann: ,,Ihren Schilderun-
gen entnehme ich, daß Sie gesund, reich und gebildet sind. Sie haben keine Sorgen. Sie sind un-
gebunden und können machen, was Ihnen gefällt. Aber anstatt glücklich zu sein, sind Sie
traurig und deprimiert." – ,,Ja, weil ich nicht
weiß, was mir die Zukunft bringt, und das
ängstigt mich." Seht ihr, man denkt an die Zukunft, und da man nicht weiß, was geschehen
wird, denkt man sich die schlimmsten Sachen
aus. Die Menschen machen sich selbst unglücklich. Sie sehen ihren Reichtum, ihre Möglichkeiten und ihre Freiheit gar nicht. Daran liegt ihnen
nichts, die Freiheit langweilt sie. Anstatt sie auf

kluge Weise zu nutzen, verschwenden sie ihre Zeit mit Sorgen um die Zukunft!

Die Menschen sind sich nicht genügend darüber bewußt, daß sie die Zukunft durch ihr gegenwärtiges Tun aufbauen. Also kommt es auf das „Jetzt" an! Die Zukunft ist eine Verlängerung der Gegenwart, und die Gegenwart ist nichts anderes als eine Folge der Vergangenheit. Alles ist miteinander verbunden: Vergangenheit, Gegenwart und Zukunft sind nicht voneinander zu trennen. Die Zukunft entsteht auf den Fundamenten, die ihr heute legt. Wenn diese schlecht sind, braucht ihr natürlich nicht auf eine außergewöhnliche Zukunft zu warten; und bei einem guten Fundament braucht ihr euch keine Sorgen zu machen. Wie die Wurzeln, so der Stamm, die Blätter und die Früchte. Die Vergangenheit ist vergangen, aber sie hat die Gegenwart geschaffen, und die Gegenwart ist die Wurzel der Zukunft. Nun ist es an euch, euch durch geistige Arbeit eure Zukunft aufzubauen. Denn in diesem Bereich liegt eure Freiheit: in der Gestaltung der Zukunft.

Der heutige katastrophale Zustand der Menschheit ist darauf zurückzuführen, daß sie sich von den großen geistigen Wahrheiten entfernt hat. Deshalb sollte der Schüler bei allen seinen Handlungen dem Geist den Vorrang geben und die königliche Herrschaft des Geistes wieder

herstellen. Er sollte alles mit dem Siegel des Geistes prägen. So kann er wirkliche Wandlungen in
seinem Inneren und außerhalb von sich selbst
erzielen.

II

Es ist sehr selten, daß die für ein Land vom Himmel vorherbestimmten schwerwiegenden Ereignisse nicht eintreffen. Für den Einzelnen sind die Geschehnisse weniger zwingend, er kann sie eher umgehen als die Gemeinschaft. Man kann einen Krieg voraussagen, aber man kann nicht mit absoluter Sicherheit vorhersehen, wer darin umkommen wird. Der Krieg kommt, und es wird viele Tote geben, aber man kann nicht genau sagen, wer das sein wird. Das Einzelwesen hat immer eine kleine Chance, diesem oder jenem Schicksal zu entkommen. Nehmen wir ein Beispiel: Vor Tausenden von Jahren wurde festgelegt, daß Jesus von einem seiner Jünger verraten werden würde, aber es wurde nicht gesagt, wer der Verräter sein würde. Die Rolle des Verräters war also frei, und Judas hat sie übernommen. Wäre er für sie nicht reif gewesen, hätte ein anderer sie übernommen. Es ist genauso wie die Rollenverteilung im Theater. In

einem Stück von Shakespeare oder Molière können die Rollen nicht geändert werden, Falstaff
bleibt Falstaff und Harpagon bleibt Harpagon.
Aber der Schauspieler, der die Rolle verkörpern
wird, ist nicht im voraus festgelegt. Er wird erst
zu gegebener Zeit seinen Fähigkeiten entsprechend ausgewählt.

Sogar Nostradamus hat in seinen Voraussa-
gungen nie von bestimmten Personen gesprochen. Ihr wendet ein: „Aber er hat doch Namen
angedeutet... Ja, Namen, aber nicht die Wesen,
die diese Namen annehmen würden. Die Rollen
liegen fest und manchmal auch die Namen,
nicht aber die Personen. Man konnte zum Beispiel nicht irgend jemanden nehmen, etwa einen
Judas, ihn hinter Glas stecken und ihn 500 oder
2000 Jahre später wieder herausholen, damit er
diese Rolle spielt. So geht das nicht, denn die
Wesen haben die Freiheit der Entwicklung. Es
war zum Beispiel auch vorhergesagt worden,
daß Heinrich IV. ermordet werden würde, aber
wer der Mörder und wer Heinrich IV. sein würde, war nicht bestimmt. Im Lauf der Zeit hat der
eine oder andere sich so entwickelt, daß er für
eine bestimmte Rolle geeignet war.

Der Herr zwingt die Menschen nie, eine bestimmte Rolle zu spielen, denn das würde be-
deuten, daß Er ihnen keinerlei Freiheit läßt. Die
Menschen haben die Freiheit, die eine oder an-

dere Richtung einzuschlagen: sie können Fortschritte oder Rückschritte machen, sie können Ungeheuer und Barbaren oder Weise und Eingeweihte werden.

Man kann die Evolution mit einem Theaterstück vergleichen, dessen Autor Gott selbst ist. Der Herr hat einen Evolutionsplan für die Menschheit, und damit dieser zum Tragen kommt, müssen die Menschen durch alle möglichen Ereignisse gehen und bestimmte Rollen spielen. Aber nirgends steht geschrieben, daß ein bestimmtes Wesen eine bestimmte Rolle zu spielen hat. Es gibt Paläste und Gefängnisse, ihr selbst könnt wählen, wo ihr leben wollt.

Der Herr hat also ein Stück geschrieben, das Milliarden Jahre dauert. Die Schaupsieler kommen und gehen... Sie führen Krieg und schließen Frieden, sie bauen und zerstören. Gewiß, manche Rollen liegen schon seit Jahrtausenden fest, aber wir sind noch nicht beim fünften Akt angekommen. Manchmal treten dieselben Schauspieler wieder auf, manchmal sind es andere. Ja, das kosmische Leben ist ein Theaterstück, das Gott geschrieben hat. Er hat auch die Schauspieler geschaffen, aber Er hat ihnen die Freiheit gegeben, die Rolle zu wählen, die ihnen gefällt.

Wie gesagt, die Rolle des Judas war nicht für einen bestimmten Menschen festgelegt. Ein Judas mußte auftreten und Jesus verraten (in der Welt der Verräter gab es sicherlich mehrere, die sich auf diese Rolle vorbereitet hatten), und derjenige, der dieser Rolle am meisten entsprach, wurde von ihr angezogen, um sie zu spielen. Hätte Gott das Schicksal aller Menschen festgelegt, gäbe es keine Freiheit und auch keine Verantwortung mehr. Welche Verantwortung hat eine Maschine oder ein Roboter? Und wenn der Mensch für seine Taten nicht verantwortlich wäre, welchen Sinn hätte dann sein Leben?

Die schicksalhaften Ereignisse, die die Menschheit, das Sonnensystem und sogar der ganze Kosmos durchleben muß, sind vorherbestimmt. Nichts läßt sich ändern, sie folgen einem festgelegten Entwurf, einem ganz bestimmten Plan. Nur der Platz, den wir in diesem Projekt einnehmen, ist nicht festgelegt. Laßt uns noch einen anderen Vergleich heranziehen: Wenn ihr eine Seereise macht, fährt das Schiff seinen Kurs, es läuft diesen und jenen Hafen an. Daran könnt ihr nichts ändern. Ihr könnt das Schiff auch nicht verlassen, denn sonst würdet ihr ins Wasser fallen. Auf dem Schiff jedoch könnt ihr lesen, mit einem jungen hübschen Mädchen sprechen, in eurer Kabine schlafen, auf Deck gehen und das Meer betrachten, Kabeljau fischen oder Walfische fangen, usw. Wie ihr seht, sind wir also alle auf einem Schiff, dessen Reiseroute der Herr selbst bestimmt hat. Keiner kann das Geringste daran ändern, denn sonst würden alle Pläne des Herrn zunichte!

Man kann aus sich machen, was man will, man kann sich selbst zerstören oder sich bessern, aber man kann den Kurs des Schiffes – der Erde, die durch den kosmischen Ozean reist – nicht ändern. Deshalb ist es nicht wahr, was die Kirche in der Vergangenheit lehrte; sie behauptete, manche Menschen seien zur ewigen Verdammnis und andere zur Erlösung vorherbestimmt. So etwas zu glauben ist Dummheit! In Wirklichkeit wählen die Menschen selbst durch ihre Lebensweise ihre Verdammnis oder ihre Erlösung.

IV

DER BEFREIENDE TOD

Das Leben ist ein Kampf zwischen Geist und Materie. Leider neigen die Menschen allzuoft dazu, der Materie den Vorrang zu geben. Diese Neigung tritt besonders im Hinblick auf den Tod zutage, hauptsächlich im Westen.

Im Westen unternimmt man alles mögliche, um den Tod zu verhindern. Wer ihn ohne weiteres akzeptiert, gilt sogar als nicht besonders zivilisiert oder entwickelt. Die westliche Kultur bekämpft den Tod mit allen Mitteln und versteht nicht, warum die Orientalen ihm so gelassen gegenüberstehen. Für sie ist diese Gelassenheit das Zeichen eines primitiven und unzivilisierten Menschen. Ist man zivilisiert, wenn man einen Menschen unter den schlimmsten Qualen verbissen am Leben erhält, anstatt ihn in Frieden sterben zu lassen? Warum klammert man sich um jeden Preis ans Leben?

Der Tod ist da, um so manche Probleme zu lösen. Das haben einige Menschen begriffen, aber natürlich nicht im richtigen Sinne. Wenn ein völlig verschuldeter Mensch sich das Leben nimmt, können seine Gläubiger ihm natürlich nichts mehr anhaben. Er ist ins Jenseits hinübergegangen, wo sie ihn in Ruhe lassen. In Wirklichkeit sind die Probleme leider nicht so leicht zu lösen. Wenn man bestimmte Dinge nicht in Ordnung gebracht hat, bevor man die Erde verläßt, wird man auch im Jenseits verfolgt. Der Tod löst nicht alle Probleme. Erst wenn man auf der Erde alles geklärt hat, ist der Tod eine wahre Erlösung.

Im allgemeinen klammern die Menschen sich an das irdische Leben, weil sie nicht wissen, daß es ein anderes, besseres Leben gibt. Um zu überleben, sind sie zu sämtlichen Verbrechen imstande, und so laden sie sich Schulden auf, die sie eines Tages bezahlen müssen. Der wahre Geistschüler hat eine andere Einstellung, er sagt: „Das Leben auf Erden ist mühselig, man ist begrenzt, wird unterdrückt, verhöhnt, vergewaltigt und gequält. Natürlich hat das alles seinen Grund, aber wenn ich eines Tages meine Arbeit beendet und die Aufgabe erfüllt habe, für die ich gekommen bin, werde ich frei im Raum leben!" Der Geistschüler kennt diese Wahrheit und deshalb beeilt er sich nicht, die Erde zu verlassen, auch wenn er weiß, daß es im Jenseits besser ist. Solange er nicht alles in Ordnung gebracht und die vom Himmel aufgetragene Arbeit erfüllt hat, ist ihm alles andere gleichgültig. Er denkt weder an den Tod noch an irgend etwas anderes, er will nur seine Arbeit beenden. Sobald diese jedoch getan ist, geht er hinüber, denn er weiß, daß die Erde es nicht wert ist, daß man sich an ihr festklammert.

Wenn ein gewöhnlicher Mensch auf die Erde kommt, denkt er nur daran, alles zu seinen Gunsten zu nutzen: Essen, Trinken, Vergnügen...Er bahnt sich mit Krallen, Zähnen und Fußtritten seinen Weg. Ein Schüler der Einweihungslehre denkt dagegen nur an die ihm vom Himmel aufgetragene Arbeit. Er sucht nicht nach Mitteln und Wegen, um sein Leben zu verlängern, denn er weiß, daß er sich damit der Freiheit beraubt, die er im Jenseits genießt. Seht einmal, schon allein der physische Körper ist, auch wenn er harmonisch und rein ist und eine göttliche Schwingung besitzt, der Erde entnommene Materie, und die Materie begrenzt den Menschen.

Ihr solltet euch jeden Tag sagen: „Ich muß meine Arbeit tun, nur meine Arbeit zählt, die geistige, die göttliche Arbeit, denn nur sie ist es wert, getan zu werden." Dann spürt ihr keine Unruhe, keine Schwankungen mehr und werdet zu Kanälen für wohltuende Strömungen und Wesenheiten; dann beginnt ihr, den Sinn des Lebens zu begreifen. Sobald ihr einen höheren

Bewußtseinszustand erreicht habt,   verlassen euch gewisse dunkle und störende Kräfte, weil sie nicht mehr von euch angezogen und genährt werden; ihr verliert sogar die Angst vor dem Tod.

Man hat den Tod in schrecklichen Formen und Farben ausgemalt. Aber die Wirklichkeit ist anders. Der Tod ist eine Erlösung. Ja, vor allem für die Eingeweihten. Für sie ist der Tod nicht nur ein Wechsel der „Wohnung", sondern auch ein triumphaler Empfang, eine Krönung.

Von nun an solltet ihr die Frage von Leben und Tod richtig verstehen. Ihr solltet keine Angst vor dem Sterben haben, sondern nur davor, eure Arbeit nicht beenden zu können. Das ist etwas anderes. In diesem Fall dürft ihr den Himmel bitten, euch die Möglichkeit, die Zeit und die Bedingungen zu geben, damit ihr eure Arbeit in Würde beenden könnt. Aber wenn ihr nur zu eurem Vergnügen und weil ihr euren Reichtum ausnutzen wollt ein längeres Leben verlangt, bedeutet dies, daß ihr den wahren Sinn des Lebens nicht verstanden habt.

V

DIE FREIHEIT DES MENSCHEN
LIEGT IN DER FREIHEIT GOTTES

In der Smaragdtafel heißt es: „Du wirst das Feine mit großem Geschick vom Groben sondern." Wo aber sind dieses Feine und dieses Grobe, die getrennt werden sollen? Sind sie nur im Schmelztiegel der Alchimisten oder auch in unserem Inneren, unseren Gedanken und Gefühlen zu finden? Von den vier Erzengeln ist Michael derjenige, der die Dinge trennt. Deshalb ist sein Fest Ende September,denn er herrscht über den Herbst, die Jahreszeit der Teilung, wenn die Frucht vom Baum fällt und die Schale sich von der Frucht löst. Die Trennung, die in der Alchimie ein sehr wichtiger Prozeß ist, findet sich auch in allen Bereichen des Lebens und nennt sich je nach den Umständen Säuberung, Auslese, Klärung, Reinigung, aber auch Befreiung...

Im Leben gibt es immer etwas zu trennen. Wenn ein Kind geboren wird, muß es von seiner Mutter getrennt werden... Wenn jemand am Er-

trinken ist, muß er vom Wasser „getrennt" werden, um gerettet zu werden...Wenn Feinde sich
bekämpfen, müssen sie getrennt werden, damit
sie sich nicht gegenseitig umbringen...Aber man
will auch ein junges Mädchen und einen jungen
Mann, die einander lieben, trennen und erreicht
dabei genau das Gegenteil. Und manchmal
trennt man Menschen voneinander, indem man
versucht, sie zusammenzubringen.

Wenn ihr hellsichtig wäret, könntet ihr sehen, daß die Menschen durch zahlreiche „Fäden" mit anderen Geschöpfen, Regionen, Wesenheiten und Aktivitäten verbunden sind.
Nichts als Fäden, aber natürlich feinstoffliche,
ätherische Fäden, die man nicht sieht! Für euch
gilt es nun, bestimmte dieser Fäden zu durch-
schneiden, denn sonst wärt ihr so gefesselt, daß
ihr nicht einmal mehr aufstehen könntet und
nicht mehr frei wärt.

Ihr könnt euch aber nur dann von einem Wesen oder einem Gegenstand lösen, wenn ihr euch
an ein anderes Wesen oder einen anderen Gegenstand bindet. Ihr könnt euch nicht von allem
lösen, denn es gibt keine absolute Ungebunden-
heit. Egal was ihr tut, ihr seid immer irgendwie
gebunden. Ihr könnt euch nie von einer quälen-
den Leidenschaft oder einer Person lösen, wenn
ihr nicht die nötigen Mittel und Wege dazu
kennt. Die einzige Möglichkeit liegt darin, die

Befreiung nicht aus eigener Kraft zu versuchen, sondern sich mit einer anderen Aktivität oder Person zu verbinden, die das Gegenteil von der Aktivität oder Person ist, die euch fesselt, und dann die beiden Kräfte einander gegenüberzustellen. Im täglichen Leben könnt ihr das sehr gut: gegen Feuer kämpft ihr mit Wasser, gegen Flecken mit Seife usw. Man muß immer einen Verbündeten, eine andere Kraft suchen, die einem beim Sieg über die Qualen hilft.

Dieses Gesetz besagt, daß man immer das Gegenteil von dem suchen sollte, von dem man sich befreien will. Aber eine absolute Freiheit gibt es nicht, überall herrscht das Gesetz der Anziehung. Wenn ihr aus der Dunkelheit herauskommen wollt, müßt ihr mit dem Licht arbeiten, denn nur das Licht hat die chemischen oder, wenn ihr wollt, physikalischen Eigenschaften, um die Dunkelheit zu besiegen. Wenn ihr mit dem Licht verbunden seid, hält es euch in seinem Anziehungsbereich zurück, und ihr könnt es nicht mehr verlassen. Aber es ist ein besonders wünschenswerter Zustand, Sklave des Lichtes zu sein. Als Jesus sagte: „Kommet her zu mir... denn mein Joch ist leicht", meinte er das gleiche. Denn es ist immer vorzuziehen, vom Lichtvollen und Göttlichen gefesselt zu sein. Da ihr euch also nicht durch eigene Kraft vom Teufel befreien könnt, müßt ihr euch vom Herrn abhängig machen, denn nur Er hat die Macht, euch zu befreien. Gut, aber dann seid ihr nicht mehr frei! Um so besser, denn das ist die wahre Freiheit. Man ist vollkommen frei, wenn man Gottes Diener ist und vollkommen von Ihm, von Seiner Weisheit, Seiner Schönheit, Seiner Liebe und Seiner Ewigkeit abhängt. Betrachtet einmal die Engel: sie haben keinen eigenen Willen, sie sind Werkzeuge in den Händen Gottes. Sie tun nie etwas gegen Seinen Willen. Sowie sie einen Auftrag von Ihm erhalten, führen sie ihn aus. Aber könnte man sagen, daß sie nicht frei sind?

Ich höre oft Leute, die keine Ahnung vom menschlichen Wesen und seiner Struktur haben, sagen, daß sie weder Gott noch einen Meister noch Licht brauchen und daß man mit all dem Schluß machen sollte. Sie wissen aber nicht, daß sie mit etwas anderem anfangen, wenn sie mit „all dem" Schluß machen. Ja, nichts und niemand im ganzen Universum ist vollkommen frei und unabhängig. Wenn ein Gegenstand zum Beispiel nicht mehr von der Erde angezogen wird, unterliegt er der Anziehungskraft der Sonne. Nirgends im Universum seid ihr völlig frei. Ihr unterliegt immer irgendeinem Einfluß, und wenn ihr euch von dem einem löst, unterliegt ihr zwangsläufig einem anderen. Wenn ihr euch nicht den positiven Einflüssen aussetzt, nehmt ihr negative auf und umgekehrt. Aber ihr seid nie ohne irgendeinen Einfluß. Deshalb sage ich euch immer, daß es viel besser ist, unter dem Einfluß Gottes zu stehen, denn sonst gerät man in den Einfluß des Teufels.

In bezug auf die eben zitierten Worte Jesu: „Nehmt mein Joch auf euch, denn es ist leicht", muß ich einen Punkt genauer erklären: Das Gute, die Weisheit, das Licht und die Güte haben ein Gewicht. Aber dieses Gewicht ist so leicht, so wünschenswert! Sogar die Sonnenstrahlen haben ein Gewicht. Jeder Stoff, egal wie fein er ist, hat ein gewisses Gewicht und übt einen gewissen Druck aus. Daraus kann man schließen, daß der Mensch nirgendwo unabhängig ist, denn im Universum äußern sich überall Einflüsse, Kräfte und Wesenheiten. Alles ist bewohnt; wenn ihr einen Bereich verlaßt, betretet ihr automatisch einen anderen und unterliegt dessen Gesetzen. Wenn ihr ein Land verlaßt, das euch wegen seiner Gesetze und Forderungen nicht gefällt, müßt ihr zwangsläufig in ein anderes gehen, das ebenfalls Gesetze hat, die anders und vielleicht sogar noch schlimmer sind und an die ihr euch gewöhnen und anpassen müßt.

Sobald vernünftige Menschen diese große Wahrheit begreifen, nehmen sie das Joch Christi, das Joch des Lichts auf sich, um die ersehnte Freiheit zu finden. Wer frei sein will, muß sich

dem göttlichen Willen unterwerfen. Die Freiheit, so wie die Menschen sie verstehen – das
heißt sich niemals einer anderen Autorität als
sich selbst zu unterwerfen – gibt es nicht. Ein
solches Verlangen nach Freiheit und Unabhängigkeit kann nur aus Unwissen resultieren. So
betrachtet, gibt es Freiheit genauso wenig wie
Gleichheit.

Denn es gibt auch keine Gleichheit in der
Natur. Ihr werdet sagen, daß man die Gleichheit
vor dem Gesetz meint, wenn man von Gleichheit spricht. Aber selbst dort gibt es keine
Gleichheit, denn je nach dem, ob ihr mehr oder
weniger aufgeklärt, reich oder mächtig seid, beginnen andere Gesetze eine Rolle zu spielen, die
euch zum Nachteil oder zum Vorteil gereichen.

Wenn ihr frei sein wollt, müßt ihr euch in
den Dienst dessen stellen, der vollkommen frei
ist. Nur Gott allein ist frei; Er ist der einzige,
nicht einmal die Seraphim sind es. Er ist völlig
unabhängig, Er ist der einzige Herr. Er selbst hat
sich ganz bewußt in Seiner Schöpfung begrenzt.
Um die Welt zu schaffen, mußte Er sich begrenzen, und der begrenzte Teil Seiner selbst unterliegt den Gesetzen, die Er sich selbst gegeben
hat. Wenn ihr frei sein wollt, dann werdet zu
Dienern Gottes, verschmelzt mit Ihm, denn
dann wird euch Seine Freiheit zuteil. Nur in der
Freiheit Gottes seid ihr frei! Diesen Punkt ha-

ben selbst die Philosophen nicht erkannt. Sie glauben, außerhalb von Gott die Freiheit zu finden. Nein, das ist unmöglich! Wer einer solch unheilvollen Anschauung folgt und den Menschen den religiösen Glauben und die Bindung an Gott nimmt, ist unwissend und muß früher oder später die Folgen seiner Unwissenheit tragen.

Eure Freiheit hängt von eurem Entwicklungsgrad ab. Auf einem niedrigen Niveau gibt es keine Freiheit. Sind Tiere, Pflanzen, Steine oder Insekten frei? Um frei zu sein, müßt ihr euch bis zu Gott erheben. Erst auf dem Gipfel seid ihr frei, vorher nicht. Nur der Herr ist frei, niemand anderes, sogar die Erzengel schweben in der Seele Gottes und werden von ihr beeinflußt. Wenn ihr wollt, sind sie frei durch die Freiheit Gottes, aber sie sind nicht frei im Verhältnis zu Gott. Nur Gott allein ist frei, und in dem Maße wie die Wesen sich Ihm nähern, sind sie durch Seine Freiheit frei, aber nicht mehr.

Angenommen, ihr wolltet die Verbindung zur Außenwelt abbrechen und nicht mehr aus dem Haus gehen. Ihr speichert also Vorräte. Aber da sie nicht unerschöpflich sind, könnt ihr nur solange essen, trinken und überleben, wie eure Reserven ausreichen. Und dann? Dann geht ihr zugrunde. Wer die Verbindung zum Himmel abbricht, lebt von seinen Vorräten, die

irgendwann zur Neige gehen. Ihr sagt: „Mir geht
es sehr gut, ich bin gesund, ich arbeite, ich habe
Erfolg." Aber eines Tages werden eure Vorräte
verbraucht sein, und dann wartet der Tod, der
geistige Tod auf euch. Die Menschen sind so unwissend, daß sie das Beste aufgeben und dann
beglückwünschen sie sich, daß es ihnen gut geht.
Sie haben keine Ahnung, wie die Gesetze wirken
und wissen nicht, daß der geringste Irrtum auf
weltanschaulichem Gebiet zwangsläufig früher
oder später zu unlösbaren Schwierigkeiten führt,
selbst wenn alles eine Zeitlang noch gut verläuft.

Begreift, daß man sich nicht von einem Wesen oder Gegenstand lösen kann, ohne sich an
etwas anderes zu binden. Man wird immer irgendwie beeinflußt: von der Zeit, der Tempera-
tur, der Epoche, den Sternen usw. Man muß essen, trinken, atmen, schlafen, sich kleiden, Menschen treffen, ihnen zuhören, mit ihnen reden...
Bei allen Handlungen setzt man sich bestimmten Kräften aus. Eine Frau will ihren Mann loswerden, um frei zu sein und hängt sich ein paar
Tage später an einen anderen, der vielleicht
schlimmer ist. Es gibt immer andere Kräfte, die
auf die unwissenden Menschen warten, die sich
angeblich befreien wollen.
    Jedes Ding hat eine ihm eigene Beschaffen-

heit, die man kennen muß. Im physischen Bereich gilt das gleiche. Ihr wollt zum Beispiel ein Feuer löschen, d.h. ein Verlangen, eine brennende Leidenschaft aufgeben. Aber in eurer Unwissenheit gebt ihr – symbolisch gesprochen – Kohle oder Öl aufs Feuer, so daß es dreimal so stark brennt. Das tun die Menschen im allgemeinen. Wer sich von einem Übel befreien will, muß das richtige Mittel, die richtige Ebene und die richtige Wesenheit zu Hilfe nehmen, und wer sich befreien will, muß das Element kennen, das die entsprechende Eigenschaft besitzt. Ich habe nichts Besseres gefunden, als mich an das Höchste Wesen zu binden, um mich zu befreien.

Ich möchte euch ein Beispiel nennen: Ihr arbeitet in einem Büro, und eure Vorgesetzten machen mit euch, was sie wollen. Um dieser Lage zu entkommen, müßt ihr euch hinaufarbeiten, damit ihr über ihnen steht. Ihr lernt also und legt Prüfungen ab, damit ihr eine höhere Stufe erreicht, bis ihr eines Tages sogar euren Chef übertrefft. Dann kann er euch nichts mehr anhaben. Natürlich stehen dann wieder andere Vorgesetzte über euch, die ihr wiederum übertreffen müßt... Und da es immer einen noch Höheren gibt, erhebt ihr euch allmählich bis zu Gott hinauf.

Ich habe Menschen gekannt, die alles verkauft, ihre Familie, ihre Arbeit, ihre Freunde

und alles andere im Stich gelassen und ihr Glück
im Ausland gesucht haben, weil sie frei sein
wollten. Sie wußten nicht, daß man sich nicht
auf diese Weise befreien kann. Sie haben sich
von den äußeren Dingen gelöst, aber sie haben
vergessen, innerlich an sich zu arbeiten, um sich
von gewissen Gedanken und Wünschen zu befreien. Deshalb stoßen sie immer wieder auf die
gleichen Schwierigkeiten, egal wo sie hingehen.
Wieviele Menschen habe ich nicht schon in meinem Leben gesehen, die sich so ungeschickt zu
befreien versuchten, daß es nicht nur für sie
selbst, sondern auch für die anderen gefährlich
war! Ich sagte ihnen: „Sehen Sie einmal, Ihr al-
tes Haus gefällt Ihnen nicht, und Sie fühlen sich
nicht wohl darin. Gut, das kann ich verstehen.
Aber bevor Sie es abreißen, müssen Sie ein neues bauen, denn sonst stehen Sie, symbolisch gesehen, auf der Straße und sind Wind und Wetter
ausgesetzt." Wenn ich euch sage, daß man sich
erst binden muß, bevor man sich löst, ist dies genau das gleiche. Die Bindung bedeutet den Aufbau einer neuen, schöneren Bleibe. Sobald sie
fertiggestellt ist, kann man sich lösen, d.h. das
alte Haus abreißen. Aber man sollte nicht umgekehrt vorgehen: sich erst lösen und dann binden. Das würde nichts nützen, dadurch würde
man sich nur an alle möglichen anderen Dinge
binden und noch unglücklicher sein. Man sollte

keine Verbindungen abbrechen, bevor man nicht eine neue eingegangen ist und sollte nichts zerstören, bevor man etwas Neues aufgebaut hat.

Um euch zu zeigen, daß ihr alles, was ich euch sage, im Leben nachprüfen könnt, gebe ich euch noch ein Beispiel: Wenn ihr euch verletzt habt, bildet sich auf der Wunde eine Kruste und darunter wächst allmählich die neue Haut nach. Wenn ihr aber die Kruste abreißt, bevor sich die Haut ganz neu gebildet hat, ist die Wunde wieder offen und ihr müßt den gleichen Vorgang nochmals abwarten. Bevor ihr die Kruste entfernt, muß „das neue Haus", d.h. die neue Haut da sein. Wenn man die Dinge richtig beobachtet, sieht man, daß der Organismus, die Bäume und das ganze Universum nach diesem Prinzip handeln, nur der Mensch nicht.

Die Menschen wollen frei sein, aber da sie nicht wissen, daß es gefährlich ist, sich von etwas zu lösen, bevor man sich an etwas anderes gebunden hat, passiert ihnen immer irgend etwas Unvorhergesehenes. Wenn ihr in euer Herz und euren Kopf nicht die höheren Wahrheiten hineinlaßt, dringen andere ein und übernehmen den Platz, und dann wird es schrecklich. Kopf und Herz müssen also von einem sehr hohen Ideal, von den besten, edelsten und lichtvollsten Gedanken „besetzt" sein. Deshalb lehren die wahren Eingeweihten ihren Schülern, immer

Gott an die erste Stelle zu setzen. Auch ihr solltet dies tun, auch wenn es euch lächerlich und
sinnlos vorkommt und den modernen Anschau-
ungen zu widersprechen scheint.

Die meisten Pädagogen wissen nicht, wie
wichtig das Gesetz vom Binden vor dem Lösen
ist. Die Eltern wollen zum Beispiel ihre Tochter
von einem jungen Mann trennen, der sie ver-
führt hat. Wenn sie nicht die richtigen Methoden
kennen, kritisieren sie ihn und heben seine Fehler hervor. Aber auf diese Weise binden sie ihn
im Gegenteil nur noch mehr an das Mädchen.
Anstatt etwas zu sagen, sollten sie ihr andere,
bessere, schönere, intelligentere und ehrlichere
junge Männer vorstellen. Dann wird sie sich von
selbst von ihm lösen und sagen: ,,Mein Gott,
wie dumm und blind ich war!" Man muß also
etwas anderes zeigen, etwas anderes zum Probie-
ren geben, und das tue ich.

Ich weiß ganz genau, daß ich euch nicht von
bestimmten Gewohnheiten oder Denkweisen
abbringen kann, solange ich nicht euer Interesse
für etwas anderes geweckt habe. Deshalb zeige
ich euch erst einmal die Pracht des Himmels,
der Seele, des Geistes und der Sonne, damit ihr
dann sagen könnt: ,,Oh, wie schön, wie herrlich! Dort würde ich gerne bleiben!" Und wenn
ihr dann das Altbekannte wiederseht, wollt ihr
damit nichts mehr zutun haben und flüchtet!

Man muß die Menschen dahin führen, daß sie selbst sehen, was am besten ist.

Ich habe euch schon oft folgendes Beispiel erzählt: Nehmen wir einmal an, es ist Winter und ich betrete ein Haus, in dem alle Türen und Fenster geschlossen sind. Es riecht sehr unangenehm, weil man auch die Tiere – Katze, Hund, Pferd und Schwein – mit hineingenommen hat. Ihr versteht, das ist sparsamer, so geht keine Wärme verloren. Aber durch die stickige Luft sind die Bewohner völlig stumpfsinnig geworden und können gar nicht mehr richtig denken und empfinden. Nun, was mache ich in diesem Fall? Wenn ich ihnen erklären würde, daß ihre Lebensweise ungesund, schädlich und unästhetisch ist, würde dies zu unendlichen Diskussionen führen. Sie würden sich mit allen möglichen Argumenten rechtfertigen und mir beweisen wollen, daß ich mich irre. Damit würde ich nur meine Zeit verlieren. Also greife ich zu einer List: ich lade sie zu einem Spaziergang ein oder bitte sie, mich zu begleiten, weil ich etwas vergessen habe. Auf diese Weise kommen sie eine Weile an die frische Luft, und wenn wir wieder ins Haus zurückkommen, merken sie selbst, wie übel es dort riecht und fragen sich, wie sie nur in einer solchen Atmosphäre, d.h. mit solchen Ansichten und Einstellungen, haben leben können. Dann haben sie mich verstanden.

Seht ihr, so verstehen sie von ganz allein, weil sie automatisch einen Vergleich ziehen. Vielleicht merken sie beim Hinausgehen gar nicht, wie herrlich und wohltuend die frische Luft ist, aber wenn sie wieder zurückkehren und fast ersticken, begreifen sie! Dann kann ich mit ihnen reden und etwas erreichen, aber vorher nicht. Bevor man sie von der erstickenden Luft „befreit", muß man sie an die reine Luft „binden".

Wer dieses Gesetz ignoriert und die Menschen korrigieren will, ohne ihnen etwas Besseres zu zeigen, das sie begeistert, erfreut und reizt, der bringt es zu nichts. Es hat keinen Zweck, immer auf das Schlechte zu fluchen und zu schimpfen, wenn man die Menschen nicht zum Guten führt, damit sie weiterkommen. Und gerade in der Bindung an das Gute liegt die Freiheit.

VI

DIE WAHRE FREIHEIT

Eine der seltensten Tugenden der Menschen ist die Ausdauer: nämlich die Fähigkeit, großartige, göttliche Werke zu verrichten, ohne je den Mut zu verlieren. Leider lassen sich auch viele Menschen, die ein spirituelles Ideal verfolgen, entmutigen. Sie strengen sich ein bißchen an, machen ein paar Übungen, und wenn sie die erhofften Resultate nicht erzielen, geben sie auf. Dieses Verhalten beweist, wie wenig sie die wahre geistige Arbeit verstanden haben. Auf dem geistigen Pfad muß man weitermachen, egal was geschieht, bis man eines Tages eine reiche Ernte einbringt und in Fülle lebt.

Eine Gemeinschaft – oder besser gesagt eine Bruderschaft – ist deshalb so notwendig und unentbehrlich für das Wohl der Menschen, weil sie ihnen die beste Gelegenheit gibt, ihre Ausdauer zu entwickeln. Wenn ihr allein seid, inspiriert euch vielleicht ein Buch, das ihr gerade lest: Ihr beschließt, eure Lebensweise zu ändern und

macht einige Übungen. Da ihr aber allein seid
und niemand euch unterstützt, gebt ihr bald wieder auf. In einer Gemeinschaft wie der Universellen Weißen Bruderschaft dagegen werdet ihr
durch die anderen ermutigt und mitgerissen,
auch wenn ihr keine Lust mehr habt und alles
im Stich lassen wollt.

Bis auf einige sehr seltene Ausnahmen brauchen alle Menschen Beistand und Anregung,
denn irgendwann wird der Eifer bei jedem
schwächer. Gewiß, manche wollen natürlich gar
nicht beeinflußt werden, sie wollen frei sein und
machen, was ihnen gefällt. Deshalb liegt ihnen
nichts daran, sich einer Gemeinschaft anzu-
schließen, in der sie sich eingeschränkt fühlen
würden. Nun, das ist eine unkluge Überlegung.
Ein intelligenter Mensch würde im Gegenteil
eine Situation vorziehen, in der er eine segens-
reiche, lichtvolle Arbeit verrichten kann, statt irgendwelche Dummheiten zu machen.

Anstatt günstige Bedingungen für eure
Dummheiten zu suchen, solltet ihr einen Ort
vorziehen, in dem ihr keine anstellen könnt,
oder jemanden aufsuchen, der euch daran hin-
dert. Wenn ihr jemanden umbringen wollt, bittet
schnell einen Freund, euch zu fesseln. Dies ist
natürlich ein etwas übertriebenes Beispiel, aber
diese Methode kann man in vielen Fällen und in
den verschiedensten Formen anwenden. Ihr

könnt zum Beispiel jemanden besuchen oder ein Buch lesen, um euch günstig beeinflussen zu lassen und die aufkommenden schlechten Schwingungen zu neutralisieren. Aber die Menschen wissen weder wann und wie sie sich binden sollen, noch wann und wie sie sich lösen sollen. Die wahre Freiheit findet man eigentlich erst dann, wenn man weiß, wie, wann und wie weit man sich begrenzen muß. Deswegen sind nur die Eingeweihten wirklich frei : sie haben sich jahrelang eingeschränkt, sie haben gelernt zu verzichten und Opfer zu bringen, und jetzt sind sie frei.

Wer unter Freiheit nur versteht, von nichts und niemandem abhängig zu sein, der weiß nicht, welche Gefahr er läuft. Wenn nichts den Kopf, die Seele oder den Geist ausfüllt, entsteht eine Leere, in der sich dann alles Negative, Teuflische und Dunkle einnistet. Alle wollen frei sein, aber unter diesen Umständen fallen sie anderen, ihnen unbekannten Kräften zum Opfer. Wie oft hat man das schon gesehen! Es gibt Frauen, die um Geld, Freiheit, ein luxuriöses Leben, Reisen und Vergnügen zu haben, reiche aber ungeliebte Männer heiraten ; sie sind sich nicht bewußt, daß sie dann gebunden sind und verschlungen werden. Vielleicht sind sie nach außen hin frei, aber innerlich...? Die äußere Freiheit ist meist trügerisch.

Wer kein Ziel, keine göttlichen Absichten

und kein hohes Ideal verfolgt, dem findet der Teufel eine Beschäftigung: Dummheiten, Leidenschaften, zwielichtige Abenteuer... Sie waren ja frei! Wer frei und gleichzeitig geschützt sein will, der muß vom Himmel beschäftigt werden, eingenommen und erfüllt sein. Es gibt keine Leere. Deshalb sollte man sich beeilen, seine Freiheit aufzugeben und sich den himmlischen Kräften zur Verfügung zu stellen, denn sonst wird man von den teuflischen „besetzt".

Wir stehen zwischen einer erhabenen, harmonischen und lichtvollen Welt und einer chaotischen und dunklen. Diese beiden Welten – die man als Himmel und Hölle bezeichnet – bekämpfen sich durch uns hindurch. In unserer Unwissenheit lassen wir die dunklen Kräfte in uns eindringen und in uns hausen. Deshalb sind wir innerlich ständig hin- und hergerissen und unglücklich. Das Problem der Freiheit kann man lösen, wenn man die beiden Vorgänge des Sich-Näherns und Sich-Entfernens richtig versteht. Nur in unserer Verbindung zum Himmel, in unserer Hingabe an ihn, können wir die Freiheit finden, weil die himmlischen Kräfte nichts zwingen und unterjochen, sondern im Gegenteil alles ordnen, harmonisieren und verschönern.

Die Menschen halten die Freiheit für so wertvoll, daß sie ihr Leben dafür hergeben. Aber leider haben sie diese Freiheit, die sie so schätzen und suchen, noch nicht verstanden. Es ist ganz normal, daß man nicht von einem anderen Land unterdrückt werden will, aber angenommen, dieses Land wäre der Himmel... Ist es nicht besser, von einem klugen Land besetzt, verwaltet und gelenkt zu werden? Denn seht einmal, was oft geschieht, wenn ein Land seine Unabhängigkeit erlangt: die sogenannten freien Bürger versuchen nun, einander zu unterdrücken und bringen sich gegenseitig um! Ein Land sollte zwar seine Unabhängigkeit erreichen und schützen, aber das Problem der Freiheit ist nicht auf dieser Ebene zu fassen.

Die Freiheit betrifft das Innenleben. Viele Menschen sind zwar äußerlich frei, innerlich aber nicht, denn ihre Gedanken und Gefühle begrenzen sie. Die Freiheit ist ein durch das Denken und Fühlen hergestellter innerer Zustand. Natürlich ist die körperliche Freiheit wünschenswert, aber oft geht man gerade durch sie in die Falle, und deshalb darf sie nicht über der inneren Freiheit stehen. Wie oft hat man das schon gesehen!

Ihr glaubt, ihr seid frei, weil ihr kein Gefangener oder Sklave seid. Ja, aber innerlich müßt ihr feststellen, daß alle eurer Ansicht nach freien Entscheidungen in Wirklichkeit von gewissen Wünschen und Leidenschaften diktiert wurden, die euch beherrschen und denen ihr nicht wider-

stehen könnt. Die Freiheit ist also trügerisch,
Schein... Wie oft haben die Menschen schon für
die soziale und politische Freiheit gekämpft! Es
ist nur schade, daß sie sich für die geistige Freiheit nicht genauso anstrengen und kämpfen.

Viele Menschen gleichen angepflockten Pfer-
den: Solange sie nicht weiter gehen, als ihr
Strick reicht, haben sie Bewegungsfreiheit, aber
sobald sie diese Grenze überschreiten wollen,
spannt sich das Seil und hält sie zurück. Das
gleiche gilt für Menschen, die sich frei fühlen,
solange sie ihre materiellen oder niederen Wünsche befriedigen; aber sobald sie feinere, spiritu-
ellere Regionen erreichen wollen, müssen sie
feststellen, daß sie begrenzt, schwerfällig und
versklavt sind.

Erst wenn man von keinem Strick mehr zu-
rückgehalten wird, ist man wirklich frei. Jedes-
mal, wenn ihr einem niederen Wunsch nach-
gebt, seid ihr ein Sklave. Auf der Erde gibt es fast
nur Sklaven; arme Unglückliche, die ständig
hin- und hergerissen werden und glauben, daß
der Satz: „Das war stärker als ich" ihre Dummheiten rechtfertigt. Wenn jemand diese Worte
ausspricht, ist er schon ein Sklave und gehorcht
irgendwelchen Kräften. Ein freier Mensch sagt
nie: „Das war stärker als ich", denn dieser Satz
drückt bereits seine Niederlage aus; er ist wie
eine Visitenkarte, auf der es heißt: „Ich bin ein

Sklave, ich bin schwach... eine Null." – „Wieso denn, auf meiner Karte steht: Präsident von... Direktor von... Inspektor..." Tatsächlich? Gut, meinetwegen, aber ich lese etwas ganz anderes. Ja, so ist das eben, wenn man so verschroben ist wie ich, dann liest man zwischen oder hinter den Zeilen.

Die einzige Freiheit liegt in der Weihung. Wenn ein Eingeweihter einem Gegenstand Kraft geben will, um ihn einer Aufgabe zu weihen, reinigt er ihn erst einmal und entfernt alle Einflüsse, die er durch den Kontakt mit Personen oder Ereignissen in seiner Umgebung in Form von dunklen oder unreinen feinstofflichen Schichten aufgenommen hat. An diesen Schichten prallen die magischen Worte wie an einer Schranke oder einer Wand ab. Erst wenn der Gegenstand durch Sprüche und Weihrauch von allen Einflüssen gereinigt ist, weiht der Eingeweihte ihn einer Wesenheit, einem Prinzip oder einer Tugend. Der Gegenstand ist also „besetzt", er trägt eine Inschrift. Er ist von guten Einflüssen durchtränkt, und die bösen Geister können nicht in ihn eindringen und ihn benutzen.

In der Natur gibt es Gesetze und Verbote, die sogar die bösen Geister kennen. Sie wissen, daß sie bestraft werden, wenn sie bestimmte Grenzen überschreiten. Aber wenn alles offensteht, kann

sogar der Herrgott nicht verhindern, daß sie eindringen, sich nähren, alles beschmutzen und
zerstören. Sie haben das Recht dazu, die Tür
steht ja offen! Manche Christen fragen sich,
warum der Herr den bösen Geistern erlaubt, in
sie einzudringen. Was für eine dumme Frage!
Wenn sie selbst sich nicht schützen, warum sollte es dann der Herr tun? Man muß eben bestimmte Gesetze und Regeln kennen. Wenn euer
Garten nicht eingezäunt ist, dürft ihr euch nicht
wundern, wenn man euer Obst stiehlt. Und
wenn ihr dann bei Gericht Klage erhebt, wird
man euch sagen: „Nichts weist darauf hin, daß
Ihr Garten Privatbesitz ist, wir können nichts für
Sie tun. Sie hätten einen Zaun anbringen müssen."

Die Menschen wollen frei sein. Ja, aber von
was und von wem? Von Lehrern, die ihnen
Weisheit und Bewußtsein bringen; frei vom
Himmel, frei von Gott! Aber dann stehen sie
schon unter dem Einfluß der Hölle, die ihnen
alle möglichen Dummheiten und Verbrechen
einredet. Sie sind ständig von lauernden Kräften
umgeben, die sie zum Irrtum verleiten und ausnutzen wollen. Später leiden sie dann und sind
krank. Alle sogenannten freien Menschen sind
innerlich leer, und dann finden natürlich die negativen Gedanken und Gefühle und die bösen,
herumlungernden Geister Platz und nähren sich

von ihnen. Die Wesenheiten machen es genau
wie die Tiere: Sie brauchen Nahrung und stür-
zen sich auf das erste beste Opfer, das ihnen unter die Pfoten oder die Zähne gerät. Wer nicht
davonläuft, wird verschlungen. Jedes Geschöpf
und Ding im Leben muß sich ernähren. Und das
Böse stürzt sich auf alles, was ihm als Nahrung
dienen kann. Seht einmal, wie es die Mikroben,
Bazillen und Viren machen... Überall gilt das
gleiche Gesetz.

Wenn der Mensch nicht so klug ist, sich zu
schützen, dringen alle negativen Kräfte in ihn
ein; er schreit, weint und klagt, ohne zu begreifen, was mit ihm geschieht. Dabei ist es doch
ganz klar: Er war naiv, er wußte nicht, daß er
den Unerwünschten aus der unsichtbaren Welt,
die an der Menschheit zehren, nicht wie ein ein-
ladendes Gasthaus mit offenen Fenstern und Türen frei ausgesetzt sein sollte.

Was machen zum Beispiel die Jäger? Sie
nehmen ihren Hund und ihr Gewehr und töten
Vögel oder andere Tiere, um sie zu essen, zu ver-
kaufen oder um sich vor den anderen damit her-
vorzutun. Bestimmte Wesenheiten der unsichtbaren Welt machen es ebenso. Sie fallen über
das köstliche Wild – die Menschen – her und
verschlingen es. Also sollte man vom Himmel,
von den Engeln und den Erzengeln eingenommen und „besetzt" sein. Durch diese Unterwer-

fung seid ihr völlig frei, denn die göttlichen Wesen zerstören euch nicht, im Gegenteil, da sie
reich, intelligent, schön und lichtvoll sind, bringen sie euch ihre Schätze und ihre Pracht. Es ist
also vorteilhafter, dem Himmel verpflichtet, von
ihm besetzt und ihm geweiht zu sein, als ohne
Bewußtsein „frei" zu sein. Nicht mehr frei sein,
das ist die wahre Freiheit.

Wieviele junge Leute wollen frei sein, um
„ihr Leben zu leben"! Aber wie wollen sie das
ohne Kenntnisse, ohne Wissen, ohne Licht und
ohne Willenskraft tun? Sie werden wie die Tiere
leben: Sie essen, schlagen sich, freuen sich, weinen, freuen sich erneut und weinen dann wieder... So sieht also das „eigene Leben" aus. Man
sollte nicht länger glauben, man sei frei, nur weil
man ohne Anleitung und Ideal machen kann,
was man will. Wenn man sein Leben nicht dem
Himmel weiht, ist die ganze Freiheit nur Sklaverei.

Diese Erklärungen über Bannung und Wei-
heriten sind für das Verständnis der Freiheit
außerordentlich wichtig. Wenn ihr diese Methoden anwendet, seid ihr von schützenden, magischen Lichtkreisen umgeben, so daß selbst die
himmlischen Geister von eurer Aura angezogen
werden und euch vor allen Unerwünschten be-
wahren. Man sollte arbeiten und sich beschäftigen. Seht einmal, was mit den Leuten geschieht,

die in Rente gehen: sie altern sehr viel schneller! Rentner sein ist gut, aber man sollte die Zeit nutzen, um nun endlich eine andere, eine gewaltige spirituelle Arbeit zu verrichten. Dann bleibt man jung, dann findet man Unterstützung und neues Leben.

Ihr solltet jeden Tag bitten: „Oh Herr, stelle mich in Deinen Dienst, ich stehe Dir zur Verfügung, lenke mich, wirke durch mich, verwirkliche Deine Pläne durch mich." Natürlich bringt das die ersten Tage keine nennenswerten Resultate, aber mit der Zeit werdet ihr schon sehen... Euch werden sogar die Worte fehlen, um auszudrücken, wieviel Rat, Unterstützung, Schutz, Erleuchtung und Freude ihr erhaltet. Also, Schluß mit der Freiheit!... Beeilt euch, gebt noch heute eure Freiheit auf und bittet den Himmel, von euch Besitz zu ergreifen.

Dies ist eines der größten Geheimnisse der Einweihungslehre!

VII

SICH BEGRENZEN,
UM SICH ZU BEFREIEN

Die meisten östlichen Lehren haben die Befreiung zum Ziel. Die Eingeweihten von Indien, Tibet und Japan haben Jahrtausende an der Entwicklung von Methoden gearbeitet, die die Bindung an die Erde aufheben. Sie zogen sich in Grotten und Wälder zurück und kümmerten sich nur um ihre eigene Befreiung. Mir sagt dieses Verhalten nicht besonders zu, ich finde es egoistisch. Warum will man sich von allem lösen? Ich will gar nicht frei sein, ich will mich im Gegenteil binden, mich bewußt verpflichten. Wenn man so ausschließlich seine eigene Erlösung im Sinn hat, braucht man nur alle anderen im Stich zu lassen, dann ist nichts mehr von Bedeutung. Es mag sehr schön sein, frei zu sein, im Licht, im Glück, in der Ekstase und im Nirwana zu leben, aber mir persönlich ist nichts daran gelegen, allein glücklich zu sein; das ist nicht mein Ziel, und deshalb habe ich mich völlig verpflichtet und begrenzt. Ich bin auf die Erde gekom-

men, weil ich es egoistisch fand, dort oben in
Freiheit und Glück zu verharren. Ich habe er-
kannt, daß es hier unten besser ist, wo man mit
Füßen getreten, kritisiert und beschmutzt wird.
Ihr versteht mich nicht? Geduld, bald wird euch
vieles klarer sein.

Wenn ein Mensch sich völlig befreit und keine Schulden mehr zu begleichen hat, reinkar-
niert er sich nicht mehr. Er bleibt oben in
Glückseligkeit und Licht. Keine Verpflichtung
ruft ihn mehr auf die Erde zurück. Manchmal
gibt es jedoch unter diesen befreiten Seelen ein
Wesen, das die Leiden der Menschen sieht und
ihnen helfen will. Es bittet also die 24 Alten
Weisen, hinabsteigen zu dürfen. Die Alten prüfen die Frage und nutzen die außergewöhnliche
Gelegenheit, daß ein Wesen sich opfern will...
Da sie selbst ein Ausdruck der unergründlichen
Weisheit Gottes sind, richten sie die Dinge so
ein, daß dieses Wesen die schlimmsten, gleichzeitig aber auch die herrlichsten Ereignisse erlebt, die sie wie in einem Film vor ihm ablaufen
lassen, bevor es sich inkarniert. Sie fragen, ob es
einverstanden ist, und es akzeptiert natürlich.

Man könnte fast sagen, daß viele, die ihre irdische Entwicklung beendet haben, genug von
all dem Glück, all der Freude und all dem Licht
haben. Selbst viele der großen Eingeweihten, die
auf der Erde gelebt haben, können die Erinne-

rung an das Erlebte nicht völlig auslöschen und sich nicht völlig von der Erde lösen. Sie sind frei, sie haben alles besiegt, sie leben in der Ewigkeit – und dennoch überkommt sie von Zeit zu Zeit der Wunsch, einen Blick auf die armen Menschen zu werfen, unter denen sie gelebt haben und mit denen sie sich trotz der zwischen ihnen bestehenden großen Entfernung verbunden fühlen. Nach Jahrhunderten oder sogar Jahrtausenden erinnern sie sich an die Menschen und in ihrem Reichtum, ihrer Großmut und ihrer übergroßen Herzensgüte entscheiden sie sich dann, hinabzusteigen, um den Menschen zu helfen. Das habe ich getan.

Man sollte sich befreien, ja, aber um sich zu begrenzen. Man sollte sich innerlich von allen niederen Neigungen und Trieben lösen, um sich zu binden, d.h. für die Gemeinschaft zu arbeiten. Seht ihr, das ist für mich der Sinn des Lebens und der Freiheit. Wer sich befreit, findet Glück und Freude; Befreiung bedeutet aber nicht, einfach alles über Bord zu werfen; nein, man sollte seine inneren Schwächen ablegen, damit man sich besser für andere Menschen einsetzen und ihnen helfen kann. Wer sich innerlich befreien will, muß sich einschränken und auf bestimmte Dinge verzichten, damit er sich dann besser einsetzen kann.

Wie soll ein gebundener Mensch mit der göttlichen Arbeit beginnen können? Wer nicht frei ist, kann nicht besonders nützlich sein, denn er dient anderen Göttern und derer gibt es viele! Die Menschen sind gebunden, weil sie schon von Kindheit an eigennützige Pläne und Wünsche im Kopf haben, die sie möglichst schnell verwirklichen wollen; dann sind sie anderweitig so beschäftigt, daß sie sich der Gemeinschaft nicht mehr widmen können. Was kann man schon machen, wenn man nicht frei ist? Auch wenn man einen meiner Vorträge anhören und verstehen will, muß zumindest das Gehirn aufnahmebereit sein und darf sich nicht mit allen möglichen Gedanken, Gefühlen und Erinnerungen beschäftigen.

Wenn ich euch übrigens fragen würde, welcher Unterschied zwischen einem geistigen Meister und einem normalen Lehrer besteht, wüßtet ihr sicherlich keine Antwort. Ihr würdet sagen: „Die Kenntnisse, die Vorgehensweise, das Ziel sind anders..." Gewiß, aber es gibt noch einen wichtigeren Punkt, an den ihr nicht gedacht habt und den ich euch nennen möchte. Wenn ein Lehrer seinen Unterricht beendet hat, kümmert er sich nicht mehr um seine Schüler. Seine persönlichen Beschäftigungen, Probleme, Gedanken, Gefühle und Leiden nehmen ihn wieder in Anspruch. Er hat seinen Unterricht beendet,

und damit ist seine Arbeit getan. Ein Meister dagegen kümmert sich ständig um seine Schüler.
Er sorgt Tag und Nacht für die Seele und den
Geist seiner Schüler – wenn er ißt, arbeitet,
schläft ... und so hilft er ihnen jeden Tag. Ja, ein
Meister, ein Eingeweihter ist frei. Und wer frei
ist und seine Probleme gelöst hat, der kann seinen Freunden, seinen Jüngern und seinen Schülern helfen. Was kann man dagegen für die anderen tun, wenn man wie die meisten Menschen
völlig von seinen eigenen Problemen bean-
sprucht wird? Seht ihr jetzt den Unterschied
zwischen einem wahren Meister und einem normalen Lehrer? Der Meister ist frei!

Alle Welt ist von den orientalischen Lehren
begeistert, auch ihr. Wenn ich jedoch einer solchen Lehre folgen würde, würde ich euch im
Stich lassen und mich nur meiner eigenen geistigen Arbeit widmen. Würde euch das· gefallen?
Ich befreie mich, indem ich mich immer mehr
binde. Das ist ein neuer Aspekt dieser Frage,
nicht wahr? Alle geistigen Lehrer und Schüler,
die sich nur um ihre eigene Erlösung bemühen,
irren sich. Ihr Verhalten zeigt keinerlei Liebe
und ist reiner Egoismus! Jetzt ist es an der Zeit,
die kollektive Arbeit zu betonen, denn die Arbeit befreit. Ich habe das Problem folgenderma-
ßen gelöst: Ich will gar nicht frei sein, ich will

arbeiten, und gerade in dieser Arbeit finde ich meine ganze Freude.

Wer im Leben stark sein will, muß sich gewisse Begrenzungen auferlegen. Wenn Schießpulver nicht komprimiert wird, macht es nur „pffff" und sonst nichts, während es andernfalls donnernd alles zersprengt. Der Mensch ist dem Schießpulver vergleichbar, er muß komprimiert werden, damit er seine Grenzen sprengt und die Welt erobert. Wenn er zuviel Spielraum hat, tut er nichts. Zuviel Freiheit lähmt die Menschen, und führt dazu, daß sie überhaupt nichts mehr tun! Die kosmische Intelligenz begrenzt manche Menschen deshalb so stark, damit sie die ganze Welt sprengen. Seht ihr, das sind Fragen, über die man nachdenken sollte.

Damit will ich nicht sagen, daß man ständig in Enge, Qualen und Unterdrückung leben sollte; ich will euch nur klarmachen, daß das Problem der Freiheit nicht so leicht zu lösen ist. Wenn man keine Ahnung von der Einweihungslehre hat, täuscht man sich, man versteht nicht, warum man sich in der einen oder anderen Situation befindet und kann ihre guten und schlechten Aspekte nicht erkennen. Wer materiell gut gestellt ist, ist mit seiner Lage sehr zufrieden und sieht drohende Gefahren nicht. Für ihn zählt nur das Äußere. In Wirklichkeit hat jede Situation eine gute und eine schlechte Seite.

Denkt daran! Auch wenn ihr vielleicht nicht sofort die Bedeutung der Situation erkennt, mit der ihr zu kämpfen habt, solltet ihr überlegen, und das ist schon sehr viel.

Mir haben beim Nachdenken schwierige Lebensumstände enorm geholfen. Hätte ich nicht schon sehr früh die scheinbar beklagenswertesten und unglücklichsten Umstände erleben müssen, dann hätte ich nichts entdeckt und nichts getan. Deshalb danke ich dem Himmel für alle Entbehrungen, Schwierigkeiten und Unglücksfälle. Ja, der Himmel sei dafür gesegnet. Wenn man imstande ist, die Dinge zu begreifen, sieht man ihre gute Seite. Das solltet ihr wissen, damit auch ihr nicht mutlos werdet, wenn ihr auf Schwierigkeiten stoßt, sondern im Gegenteil ihre gute Seite seht und lernt, dem Himmel jeden Tag für das erlebte Unglück und die Prüfungen zu danken. Bevor ihr euch auflehnt, überlegt und meditiert erst einmal; dann entdeckt ihr, wie nützlich diese Prüfungen sind. Auch ich gehe so vor.

Es gibt viele gute Eigenschaften, die nicht entwickelt werden, wenn man bestimmte Prüfungen nicht erlebt. Ich behaupte sogar, daß unsere Feinde oft getarnte Freunde sind, denn sie zwingen uns dazu, uns anzustrengen und gerade die Anstrengung befreit. Deshalb sollte man seine Feinde lieben. Jesus sagte: „Liebet eure Feinde!" Ja, das ist verdienstvoll. Es ist leicht, seine Freunde zu lieben, das kann jeder; aber seine Feinde zu lieben, ist sehr schwer. Man kann sie nur lieben, wenn man in ihnen verborgene Freunde sieht, durch die man große Fortschritte auf dem Weg der Selbstbeherrschung und Befreiung macht.

Seht ihr jetzt, wie schön das Leben ist? Wenn man weiß, daß man sogar seine Feinde lieben kann und daß hinter den unglücklichsten Umständen der größte Segen liegt, kann man sich nur freuen! Sobald man das begriffen hat, ist man frei. Ja, dann ist man frei... um sich besser an eine göttliche Arbeit binden zu können.

VIII

ANARCHIE UND FREIHEIT

In ihrem Verlangen nach Freiheit entfernen die Menschen sich mehr und mehr von der Quelle, ohne zu merken, daß sie in Sklaverei und Lüge verfallen. Um ihre Irrtümer zu rechtfertigen, behaupten sie stolz, daß sich über Geschmack und Farben nicht streiten läßt; und damit es tiefsinniger und philosophischer klingt, sagen sie es sogar auf lateinisch: ,,De gustibus et coloribus non disputandum!" oder auch : ,,Jeder hat seine eigene Wahrheit." Das bedeutet, daß jeder seinen eigenen ,,Spleen" hat und auf alle seine verrückten Phantasmen eingehen darf. Nein, das ist nicht richtig, es gibt eine Norm für den Geschmack. Was gut und schön ist, muß für alle gut und schön sein. Man ist nur in der Quantität frei, nicht aber in der Qualität; denn dann wäre es keine Freiheit, sondern Anarchie.

Heute folgen viel Menschen der anarchistischen Philosophie, ohne die Gefahren dieses

Weges zu erkennen, der sie früher oder später
vernichtet. Wenn sie die Naturgesetze studiert
und den Aufbau des Universums mit seinen verschiedenen Regionen und Geschöpfen verstanden hätten, hätten sie begriffen, daß sie sich im
Körper der lebenden Natur befinden und mit
dem Ganzen in Harmonie schwingen müssen.
Wenn ihr anarchisches Verhalten zu viel Unruhe
schafft, nimmt die Natur ein Abführmittel und
scheidet sie aus. Anarchisten werden nie lange
akzeptiert. Wenn sie nicht von den Menschen
vernichtet werden, dann eben von der Natur
selbst, denn diese duldet keine Disharmonie.
Disharmonie gleicht einem Tumor, einem
Krebsgeschwür in ihrem Körper, das sie bekämpft und wieder loswerden möchte.

So steht es im Buch der lebenden Natur geschrieben. Wenn ein Eingeweihter diese Wahrheit kennt, hat er nur eine Angst: ein Tumor im
kosmischen Körper zu sein, denn das würde be-
deuten, daß er nicht mit ihm im Einklang zu
schwingen vermochte. Ein Eingeweihter hat vor
nichts und niemandem Angst, außer vor einem
psychischen Zustand, in dem er nicht mehr mit
den universellen Gesetzen in Harmonie schwingen würde; denn er weiß, was ihn dann erwartet. Er versucht deshalb, sich dem großen kosmischen Körper anzupassen und sich mit ihm in
Einklang zu bringen.

Wenn ein Sänger in einem Chor oder ein Instrumentalist in einem Orchester sich nicht an die Partitur halten, werden sie sofort entlassen, weil sie die Harmonie des Ganzen stören. Das gleiche gilt für einen Anarchisten. Die Anarchisten sind dumm und blind; wenn sie intelligent wären, hätten sie erkennen müssen, daß ihre Herrschaft nicht lange dauern kann, denn ein Anarchist stößt oft auf einen noch größeren Anarchisten, der ihn unterwirft. Und wenn er nicht von den Menschen zerstört wird, dann eben von den Gesetzen der Natur, denn sie sind unerbittlich.

Aber was bedeutet überhaupt das Wort „Anarchie"? Was manche Anarchie nennen, muß nicht unbedingt schlecht sein. Ein Anarchist ist eigentlich ein Mensch, der sein eigenes Leben leben will und sich dafür auch gegen die bestehende Ordnung auflehnt. Egal ob diese Ordnung gut oder schlecht ist, er will seinen eigenen Ansichten entsprechend leben. Nehmen wir einmal an, es handle sich um einen außergewöhnlichen, weit entwickelten Menschen: Es mag sein, daß seine Ansichten der bestehenden Ordnung weit überlegen sind. Die Gesellschaft betrachtet ihn als Anarchisten – nicht aber der Himmel, denn er strebt nach mehr Liebe, mehr Brüderlichkeit und mehr Gerechtigkeit. Für die

Eingeweihten ist nur derjenige ein Anarchist, der die göttliche Ordnung, die Existenz eines Herrn des Universums, die höheren Wesen und Kräfte nicht anerkennt, denen er sich unterwerfen muß. Jemand mag vielleicht mit Millionen von Menschen, die kein spirituelles Leben führen, völlig übereinstimmen, aber von der höheren Intelligenz wird er trotzdem als Anarchist betrachtet, weil er die göttlichen Gesetze überschreitet.

Solange euer Ziel nicht der Himmel ist, führt ihr ein anarchistisches Leben. Intellektuell gesehen seid ihr vielleicht gegen die Anarchie, aber im Grunde eures Wesens lebt ihr in ihr, denn was habt ihr für ein Ziel? Selbst angenommen es wäre der Himmel, lenkt ihr alle eure Kräfte in diese Richtung? Nein, viele von euch bummeln noch herum und nähren sich von anderen Dingen. Aus der Sicht eines Eingeweihten sieht die Lage also ganz anders aus, denn er nimmt alles wahr, was in eurem Inneren noch ungeordnet und ungezähmt ist.

Eigentlich sind die meisten Menschen Anarchisten, ohne es zu wissen. Äußerlich sind sie so anständig, daß sie sogar Auszeichnungen erhalten. Sie haben nie irgendein menschliches Gesetz übertreten, aber innerlich erlauben sie sich alles mögliche. Sie respektieren die menschlichen Vorschriften, weil sie Angst haben, kritisiert, ergriffen oder verurteilt zu werden, aber sie haben keine Angst, die göttlichen Gesetze zu übertreten. Sie wissen nicht, daß diese in Wirklichkeit weit strenger sind. Wenn man schlau ist oder Glück hat, kann man den menschlichen Gesetzen immer irgendwie entgehen; aber den göttlichen Gesetzen ist bislang noch niemand entkommen, egal wieviel Intelligenz oder List er aufgewandt hat. Denn über unserem kleinen menschlichen Verstand steht eine andere Intelligenz, die alles registriert und überwacht. Die Übeltäter werden immer ausfindig gemacht und bestraft, weil sie unbewußt immer irgendwelche Spuren hinterlassen. Sogar ein Gedanke, ein Gefühl hinterläßt im unsichtbaren Bereich eine Spur. Ihr geht zum Beispiel irgendwohin : Konkret tut ihr vielleicht nichts Schlechtes, aber ihr hegt schlechte Gedanken, die sich in euch und in eurer Umwelt einprägen. Ihretwegen wird das göttliche Gesetz euch verfolgen; und später müßt ihr auf die eine oder andere Weise die Folgen eurer Gedanken tragen.

Der Einweihungslehre zufolge ist ein Anarchist ein Mensch, der sich der göttlichen Ordnung der Dinge widersetzt. So gesehen, gehören neun Zehntel der Menschheit dieser Kategorie an. Im allgemeinen definiert man einen Anarchisten anhand von politischen oder sozialen Kriterien, aber das genügt nicht; die einzig wahre Anarchie ist die Anarchie gegenüber dem Himmel. So sind viele doppelte Anarchisten: sie lehnen sich gegen die Erde und den Himmel auf.

Erinnert euch an das biblische Gleichnis vom verlorenen Sohn: Er verließ das Elternhaus und zog in die Welt hinaus, weil er sich langweilte und Freiheit und Abenteuer suchte. Am Anfang schien ihm seine neue Situation sehr angenehm, aber allmählich wurde die Lage schwierig: Er war ein Fremder, man mißtraute ihm und gab ihm keine Arbeit. So lernte der Ärmste Entbehrung, Hunger, Durst und Kälte kennen. Er hatte keine Unterkunft mehr und sehnte sich nach dem väterlichen Haus, wo er alles hatte, wo sein Vater, seine Mutter und seine Familie ihn liebten und alle ihn kannten. Er entschied sich also, wieder heimzukehren. So trat er dann eines Tages vor seinen Vater, der ihn mit offenen Armen empfing. Inzwischen war er vernünftig und demütig geworden, er war unglücklich, elend, schmutzig und in Lumpen gekleidet. Er hatte gelernt, daß in der Welt weder Liebe noch Mitleid herrschen. Das Gleichnis vom verlorenen Sohn ist die Geschichte des Menschen, der machen will, was ihm gefällt und sich in der Anarchie wohlfühlt, statt mit den göttlichen Gesetzen in Einklang zu leben.

Aber, wie gesagt, die schlimmste Anarchie ist die innere Anarchie. Deshalb haben die Einwei-

hungsschulen das Ziel, die Menschen zum Haus
ihres Vaters, zu der hohen Zufluchtstätte zurückzuführen, die im 91. Psalm erwähnt wird:
„Meine Zuversicht und meine Burg, mein Gott,
auf den ich hoffe". Dort sind sie in Sicherheit,
und die Kräfte des Bösen können sie nicht über-
kommen. Man könnte meinen, die Menschen
seien froh, wenn sie diese hohe Zufluchtstätte
verlassen können, wo sie unter Gottes Schutz
stehen. Sie wollen ihr eigenes Leben führen, indem sie sich vom Herrn entfernen und Seine Gesetze übertreten. Solche Menschen haben noch
viel zu leiden und deshalb neigen sie dazu, ständig aus der Reihe zu tanzen und nicht zu gehorchen; in ihrem Schicksal steht geschrieben, daß
sie leiden müssen. Andere dagegen, die schon
viel durchgemacht und vieles verstanden haben,
sehnen sich nur nach dem Vater, nach Frieden
und Licht zurück.

Christus sagte:„Ich bin der Weinstock und
ihr seid die Reben. Wer in mir bleibt und ich in
ihm, der bringt viel Frucht; denn ohne mich
könnt ihr nichts tun. Wer nicht in mir bleibt, der
wird weggeworfen wie eine Rebe und verdorrt;
man sammelt sie und wirft sie ins Feuer und
müssen brennen." Das ist genau der gleiche Ge-
dankengang. Die meisten Menschen gleichen
abgeschnittenen Reben: Sie wollen sich von
Gott trennen, weil sie glauben, dann ein bißchen

mehr zu erhalten, aber in Wirklichkeit erreichen
sie dies nie. Bevor man sich blindlings auf etwas
einläßt, muß man die Gesetze kennen, um zu
wissen, wie eine Sache enden kann. Der verlore-
ne Sohn hätte das Leben im Haus seines Vaters
studieren und mit dem Leben vergleichen sollen,
das ihn in einer Welt erwartete, wo die ·Men-
schen sich nur mit Zähnen, Fußtritten und Krallen durchsetzen. Aber der Arme hatte nicht studiert, er hatte nur Vorstellungen. Genau wie die
Anarchisten... Deshalb rate ich jedem, die Dinge
zu vertiefen, um zu prüfen, was ihm auf dem
Weg der Anarchie bevorsteht.

Viele Menschen bilden sich ein, durch ein
anarchistisches und aufrührerisches Verhalten
die Stärke ihres Charakters unter Beweis zu stellen. Aber sie beweisen damit im Gegenteil nur
ihre Dummheit, denn sie zerreißen sich innerlich und verlieren an Stärke. Die wahre Kraft
wie auch die wahre Freiheit des Menschen liegt
darin, alle instinkthaften Impulse seines Wesens
ausschließlich dem Himmel, der geistigen Ver-
vollkommnung zuzuwenden.

Die Gesetze sind doch so leicht zu verstehen! Seht einmal: Wenn ihr zuviel gegessen
habt, verlangt kein menschliches Gesetz Re-
chenschaft von euch, kein Polizist würde euch
deshalb verhaften. Aber ihr seid krank! Was ist
das für eine Gerechtigkeit, die euch verurteilt

und ins Bett schickt? Die Gesetze der Natur sind nicht wie die menschlichen Gesetze. Die Menschen besuchen euch am Krankenbett und sagen: „Ach du Ärmster, du bist zu bedauern!" Aber sie können nichts für euch tun. Nur die Natur kann euch helfen: Wenn ihr wieder ihren Regeln folgt, werdet ihr wieder gesund. Man sollte die Gesetze der Natur, die göttlichen Gesetze in bezug auf Verstand, Herz und physischen Körper kennen. Ihr müßt wissen, welche Energien hinter euren Reden und euren Handlungen stehen und darauf achten, welche Richtung diese Energien einschlagen, damit sie nirgends Störungen verursachen.

In den Märchen aus Tausendundeiner Nacht gibt es eine Geschichte von einem Mann, der sich unter einem Baum ausruhte, Datteln aß und die Kerne achtlos wegwarf. Kaum war er mit dem Essen fertig, als ihm ein schrecklicher Geist erschien und ihn töten wollte. „Aber warum?" fragte der Mann, „was habe ich denn getan?" –„Du hast Datteln gegessen und mit den Kernen meinen vorübergehenden Sohn am Auge so verletzt, daß er daran gestorben ist. Jetzt mußt du sterben!" Das ist natürlich nur ein Märchen, aber es hat eine tiefe Bedeutung. Der Mensch ist sich nie genug darüber bewußt, welchen Schaden er in der sichtbaren und unsichtbaren Welt anrichten kann.

Macht, was ihr wollt, entfernt euch von Gott und bleibt unabhängig – ihr werdet schon sehen, welches Schicksal euch dann erwartet. Ich kenne es im voraus. Warum? Weil man leicht erraten kann, welche Pläne ein Mensch mit einer solchen Einstellung hat. Oder könnt ihr mir sagen, welche Absichten ein Mensch, der sich von Gott abwendet und nicht im Licht leben will, schon haben kann... Doch nur sehr gewöhnliche: er will reich, mächtig und berühmt sein, er will essen, trinken und mit Frauen ins Bett steigen... Er hat also kein sehr hohes Ideal; er kriecht am Boden der niederen Sphären herum und erfährt Leid und Unglück. Wenn ich das Ideal eines Menschen kenne, kenne ich seine Zukunft schon im voraus: Er landet dort, wo sein Ideal ist. Mit den Kenntnissen der Einweihungslehre ist das Prophezeien ganz leicht. Wenn man sieht, auf welchem Gleis ein Zug steht, kennt man seine Route und seinen Bestimmungsort. Also sind die Bahnhofsvorsteher und die Astronomen, die die Positionen der Planeten schon Jahre im voraus berechnen, Propheten! Jeder, der das wahre Wissen besitzt, ist ein Prophet; auch die Vorhersage der Zukunft beruht auf einem Wissen.

Begreift endlich, daß die Philosophie der Abtrennung nur zu Versklavung und Begrenzung führen kann: wenn man sich abtrennt, gibt es keine Freiheit. Was erwartet euch, wenn ihr euch von der Sonne entfernt? Dunkelheit, Kälte und Tod. Aber die Menschen verstehen nichts, sie sind wie die Kinder. Ein Kind will frei sein, um alle möglichen dummen oder gefährlichen Streiche auszuhecken und dafür wird es dann eingesperrt. Die Jugendlichen – und die Erwachsenen übrigens auch – verstehen die Freiheit wie die Kinder. Nur die Weisen wissen, daß man sich begrenzen muß, um frei zu sein. Alle anderen öffnen unter dem Vorwand, frei sein zu wollen, die Käfige der Raubtiere – der boshaften Wesenheiten der Astralebene –, die alles in ihnen zerreißen und verschlingen.

Gestern habe ich zufällig mein Fernsehen angeschaltet, um zu sehen, was so gesendet wird. Was für ein Spektakel! Vier struppige Typen mit tierischen Gesichtern, die schrien und tobten. Angeblich ein Konzert. Ich habe noch nie etwas so Häßliches und Disharmonisches gehört. Aber die Jungen und Mädchen im Publikum waren wild vor Begeisterung: Sie sprangen auf, klatschten und hüpften. Mich überkam Traurigkeit und ich sagte mir: „Mein Gott, wie soll man da die menschliche Natur verstehen? Was geht nur in der Seele der Menschen vor, daß sie sich so weit von der Schönheit entfernt haben!" Vier Besessene, die soviel Erfolg haben! Ich bin eigentlich gar nicht so engstirnig oder streng, daß ich die Jugend verurteile, wenn sie ihrer Freude und ih-

rer Lebenslust Ausdruck verleihen will. Aber da
war überhaupt keine Freude, und die Lust am
Leben bestand nur aus disharmonischen und un-
ästhetischen Bewegungen! Wie die Wilden... Ja,
ich habe gesehen, wie die Raubtiere aus ihren
Käfigen ausbrachen und alles zerrissen, was es
noch an Gutem in ihnen gab; und das Publikum
klatschte Beifall dazu!

Bei diesem Anblick habe ich fast die Hoff-
nung aufgegeben, die Menschen zu etwas Schö-
nem und Sinnvollem zu führen. Sie müssen
wirklich bis zum Ende gehen, bis zum Abgrund.
Wie sollen solche Leute die großen Gesetze der
Schöpfung und der Natur begreifen können? Sie
haben nie an sich selbst gearbeitet und wissen
nicht einmal, daß sie an sich zu arbeiten haben.
Sie wissen nur, wie man Raubtieren die Käfige
öffnet, das ist alles. Und das nennt man dann
Freiheit... Ja, man ist frei, unabhängig... entfes-
selt!

IX

ÜBER DEN BEGRIFF DER HIERARCHIE

Die Schöpfungsgeschichte berichtet, daß Jakob eines Nachts den Kopf auf einen Stein legte und einschlief. Im Traum sah er eine Leiter, die von der Erde bis zum Himmel reichte und auf der die Engel auf- und abstiegen... So wurde Jakob die ganze himmlische Hierarchie offenbart, die die Erde mit dem Himmel verbindet.

Die Jakobsleiter symbolisiert die Engelorden, die die Menschen mit Gott verbinden; die kabbalistische Tradition stellt sie durch den Lebensbaum dar. Wenn man sich wie die Protestanten einbildet, der Mensch könne sich direkt an Gott wenden, ist das ein Zeichen großer Unwissenheit. Auf der Erde ist keine hochgestellte Persönlichkeit ohne Vermittler erreichbar, aber Gott kann man direkt aufsuchen, ohne von Ihm vernichtet zu werden! Für viele ist der Herr ein netter, leicht erreichbarer Mann, dem man am Bart zupfen und auf die Schulter klopfen kann. In

Wirklichkeit ist der Herr eine so starke „elektri-
sche Zentrale", daß ohne einen Transformator,
d.h. ohne eine Hierarchie, die die Menschen mit
Gott verbindet, nicht die geringste Spur von
demjenigen übrig bleiben würde, der sich Ihm
nähern würde.

Der Begriff der Hierarchie ist den Menschen
im täglichen Leben geläufig, weil er ihnen von
der kosmischen Intelligenz eingegeben wurde;
sie hat nicht nur das Universum, sondern auch
ihren physischen Körper hierarchisch aufgebaut. Der Mensch besitzt ein Knochensystem,
das dem Mineralreich entspricht und wie dieses
als materielles Gerüst dient. Über den Knochen
liegen die Muskeln, genau wie die Pflanzen die
Erde bedecken. Das Kreislaufsystem mit seinen
Adern und Blutgefäßen entspricht den Flüssen
und Meeren, denn das Wasser ist das Blut der
Erde und nährt die ganze Vegetation. Das
Atemsystem entspricht der Luft und das Nervensystem der Sonne, von der alles abhängt. Die
richtungweisenden Impulse kommen also nicht
von den Knochen, sondern vom Nervensystem,
das viel feiner und höher entwickelt ist. Warum
zieht man aus dieser Tatsache keine philosophischen Schlüsse, warum leitet man daraus nicht
ab, daß an erster Stelle der Geist stehen muß?

Die Hierarchie ist eine aufsteigende Ordnung, in der das Untere sich dem Oberen fügt.

Der Begriff der Hierarchie ist so tief in der Natur verwurzelt, daß sogar die Tiere ihn respektieren. Sie wählen den Stärksten, Schlauesten oder Schönsten zum Anführer und gehorchen ihm. Ein Hirsch im Wald herrscht über ein paar Rehe: Er ist der Chef, alle gehorchen ihm. Wenn aber ein anderer Hirsch die Hirschkühe und das Gebiet erobern will und siegt, unterwirft die ganze Herde sich ihm und erkennt ihn als Oberhaupt an. Sogar die Tiere wissen, daß Werte anzuerkennen und zu respektieren sind. Nur die Menschen haben den Sinn für die Werte verloren, weil sie zu hochmütig sind. Hier haben wir übrigens ein weiteres Kennzeichen der Demut: die Anerkennung einer Hierarchie. Man ist demütig, wenn man etwas Höheres akzeptiert.

Ihr könnt alle Bereiche der Erde und des Weltalls durchqueren und alle himmlischen Schulen aufsuchen, überall gilt der Begriff der Hierarchie. An der Spitze steht Gott, der regiert, und alle anderen, alle Seine Diener haben an ihrem jeweiligen Platz die Aufgabe, Seine Befehle auszuführen. Wenn ihr diese Hierarchie in euch selbst herstellt, funktioniert alles völlig harmonisch.

Versteht mich also richtig: ich lege deshalb so viel Wert auf die Hierarchie, weil ich damit vor allem die innere Hierarchie meine: eine

Ordnung, an deren Spitze Gott steht. Jemand kann äußerlich an der Spitze eines Unternehmens oder eines Staates stehen, aber innerlich eine Null sein. In der Gesellschaft kann man den ersten Platz einnehmen, weil man reich oder gelehrt ist, der göttlichen Welt gegenüber muß man jedoch andere Qualitäten aufweisen als Reichtum oder Gelehrsamkeit, um an erster Stelle zu stehen. Dies ist übrigens leicht feststellbar: Die Kräfte oder Geister in euch gehorchen euch nicht, wenn ihr nicht über ihnen steht. Sie wissen und fühlen sofort, mit wem sie es zu tun haben, und wenn ihr ihnen nicht überlegen seid, ist nichts zu machen! Selbst wenn ihr ihnen im Namen Jesu Anweisungen zu geben versucht, sagen sie euch: ,,Jesus kennen wir, aber du, wer bist denn du?" Nicht nur, daß sie euch nicht gehorchen, nein, sie können euch auch vernichten.

Warum tun die Menschen auf der ganzen Welt ihr Möglichstes, um befördert zu werden? Man nimmt den Hut vor ihnen ab und statt mit dem Fahrrad, fahren sie mit dem Auto. Eine völlige Veränderung der Lage! Aus dieser Geschichte kann man eine große Lehre ziehen. Jeder weiß es, sieht es und versucht es zu praktizieren, aber nur eine winzig kleine Minderheit hat erkannt, daß man sich innerlich genauso anstrengen muß, um weiterzukommen; nur so gewinnt man gegenüber seinem inneren Zellvolk, das stets machen will, was ihm gefällt, Ansehen und verpflichtet es zum Gehorsam.

Betrachtet einmal auf der Straße einen einfachen Polizisten in Uniform mit seinem weißen Stöckchen. Jeder gehorcht ihm, sogar Professoren und Minister. Er ist vielleicht nicht besonders gebildet, aber er hat ein Stöckchen und einen Helm, das genügt! Das gleiche gilt für das Innenleben: Wenn ihr innerlich bestimmte „Kleider" oder „Insignien" tragt, sind eure Bewohner beeindruckt und gehorchen euch. Ihr sagt ein paar Worte und schon sagen sie ja und amen dazu. Wenn ihr also in bezug auf Reinheit, Selbstbeherrschung oder Unterscheidungsvermögen einen höheren Grad erreicht, eröffnen sich euch völlig neue Perspektiven.

Aber versteht mich richtig, meine lieben Brüder und Schwestern, wenn ich von Hierarchie spreche, meine ich die innere Hierarchie. Sobald ihr diese in euch hergestellt habt, seid ihr frei. Ihr seid der König, nehmt wieder euren Platz auf eurem Thron ein, und alle gehorchen euch: Gefühle, Gedanken, Instinkte und Wünsche. Für einige besteht die Freiheit darin, die Tür zu öffnen, sich davonzumachen und zu sagen: „Ich bin frei"; dabei übersehen sie völlig, daß das Gefängnis in ihnen selbst ist. Wer Launen und Leidenschaften den ersten Platz einräumt, ist ein Sklave und sein Verlangen nach

Freiheit völlig unangebracht. In Wirklichkeit ist
nur der Geist frei; deshalb hat nur der Mensch
ein Recht auf Freiheit, der vom Geist regiert
wird – d.h. vom Licht, von allem Edlen, Erhabenen und Gerechten. Seine Umgebung merkt,
daß sie ihm vertrauen kann und folgt ihm. Er gewinnt also Freiheit und Autorität, aber dies zuerst im Inneren.

Konzentriert euch also von nun an auf die
bis zum Throne Gottes aufsteigende Hierarchie
und versucht, sie innerlich zu verwirklichen. Ihr
müßt beten, bitten und kämpfen, bis der Geist
Gottes – das göttliche Haupt – sich in euch niederläßt, um alles zu wandeln. Wenn er kommt,
genügt eine Sekunde seiner Gegenwart, um alles
in Harmonie zu bringen und freudig schwingen
zu lassen. Aber ohne Haupt ist nichts zu machen, die Hierarchie kann sich nicht einstellen.
Alles kommt auf den Kopf an. Ihr könnt alle Bewegungen, Strömungen und Kräfte in euch wandeln, aber nur unter der Bedingung, daß ihr den
Kopf auswechselt, d.h. Gott an die Spitze der
Hierarchie stellt.

Die Hierarchie ist also eine aufsteigende
Ordnung der Dinge, in der das Untere sich dem
Oberen fügt und in der alles zum Gipfel strebt.
Das Streben nach oben ist ein wesentlicher
Punkt. Aber wo ist zum Beispiel der Kopf eines
Baums? Ihr werdet sagen, daß er in der Krone

ist. Nein, der Kopf ist in den Wurzeln. Es ist umgekehrt wie beim Menschen. Der Baum hat seinen Kopf unten in der Erde vergraben. Wenn Zweige, Blätter, Blüten und Früchte nicht mit den Wurzeln verbunden sind, trocknet der Baum aus und stirbt. Das ist das Beispiel, das Jesus im Gleichnis vom Weinstock und den Reben angeführt hat. Der Weinstock ist der ständig vorhandene, in der Erde wurzelnde Teil, während die Blätter und Früchte nur periodisch erscheinen.

Auch im Menschen gibt es eine Hierarchie, die von den Füßen zum Gehirn reicht. Damit das Ganze harmonisch und ausgeglichen einem Ziel entgegenstrebt, müssen alle Organe sich gemeinsam einem Gipfel – oder einem Zentrum, das ist das gleiche – fügen. Auf diese Weise entsteht eine Einheit – die grundlegende Voraussetzung für das Leben. Wenn die Planeten nicht um die Sonne kreisen, sich von ihr entfernen und die Verbindung zu ihr abbrechen würden, würden sie erlöschen, denn sie würden kein Licht und keine Wärme mehr erhalten. Und da im Universum alles nach dem gleichen Schema geschaffen ist, würden auch die Organe und Zellen Schwäche, Krankheit, Verfall und Tod erfahren, wenn sie nicht mit dem Geist, dem höheren Ich des Menschen genauso verbunden wären wie die Planeten mit der Sonne. Die Einge-

weihten haben erkannt, daß diese Wahrheit
überall in der Natur eingeprägt ist.

Wenn der Mensch begreift, daß von den Stei-
nen bis zu Gott alles hierarchisch geordnet ist
und er sich diese Struktur immer vor Augen
hält, spürt er, daß sich allmählich alles in ihm
regelt und ordnet. Denn die Hierarchie ist ein
Zustand absoluter Harmonie, in dem alles seinen Platz hat. Ja, in der Hierarchie hat jeder
Mensch und jedes Ding seinen Platz, und dies
gilt für alle Bereiche. Leider sieht man in der
Gesellschaft heutzutage nichts davon: Die edelsten und intelligentesten Wesen sind unbekannt
oder werden verachtet, während grobe, gierige
und listige Menschen oft an erster Stelle stehen.
Aber wie gesagt: nicht die äußere, soziale Hierarchie interessiert mich, sondern die innere.
Vielleicht erreicht man in der Gesellschaft den
ersten Platz, wenn man andere umrennt oder
umbringt, wie Kriege oder Revolutionen beweisen, aber in der geistigen Welt kommt man auf
diese Art nicht weiter, hier führen nur harte,
konstante und unermüdliche Arbeit zum Erfolg.
Ja, durch sie erhebt man sich und zwingt sowohl
die inneren Kräfte als auch die Kräfte der Natur
zum Gehorsam; und eines Tages ist man dann
eine Gottheit.

Die Menschen können und müssen das erhalten, was sie verdienen, das ist ein Gesetz; ein

universelles Gesetz, das von den 24 Alten Weisen erlassen wurde. Ja, die himmlischen Wesenheiten wissen, wessen ihr würdig und wozu ihr fähig seid; sie richten die Dinge so ein, daß ihr früher oder später das bekommt, was ihr verdient. Aber da die meisten Menschen diese Gesetze nicht kennen und es nicht für möglich halten, daß es Intelligenzen gibt, die gesetzestreu, gerecht und hellsichtig sind, greifen sie oft zu Gewalt, Bosheit und List; später wird ihnen dann natürlich von den Naturkräften eine Lektion erteilt.

Niemand kann den Platz eines anderen einnehmen. Jeder nimmt einen von Gott gegebenen Platz im Universum ein, der eine ihm eigene Schwingung besitzt. Auf der physischen Ebene können die ungerechten und unehrlichen Menschen die anderen ausstechen, aber auf der geistigen Ebene kann niemand den Platz eines anderen einnehmen. Der von Gott zugewiesene Platz ist genau der, der jedem einzelnen in der Hierarchie zukommt. In diesem Bereich herrscht eine absolute Gerechtigkeit, Ungerechtigkeit gibt es nicht. Kein Geschöpf kann den Platz eines anderen einnehmen, aber jedes muß sich bis zu der Vollkommenheit entwickeln, die Gott für es vorgesehen hat. Und wenn es sich in dem von Gott geplanten Sinne entwickelt hat, ist es für alle Ewigkeit einzigartig und unersetzlich.

Im ganzen Universum gibt es kein zweites, das ihm gleichkommt. Selbst wenn andere bedeutender sind als es, herrscht es in dem Bereich, den Gott für es bestimmt hat. Jedes Wesen strömt durch sein Leben eine ihm eigene Quintessenz aus, und selbst wenn ein anderes es übertrifft, hat seine Quintessenz eine andere Beschaffenheit. Kein Geschöpf kann also ein anderes ersetzen oder an dessen Stelle treten.

Scheinbar erleiden sogar die besten Menschen Ungerechtigkeiten; aber wenn sie wirklich die besten sind und trotz aller auftretenden Schwierigkeiten nicht aufgeben, haben Himmel und Erde sich geschworen, ihnen das zu geben, was sie verdienen. Das ist schon immer so gewesen, und so wird es auch ewig bleiben. Wir brauchen uns also nicht darum zu kümmern, ob die unsichtbaren Wesenheiten intelligent sind oder etwa eingeschlafen sind und uns vergessen haben. Wir müssen uns nur darum kümmern, ob wir unsere eigene Arbeit gut machen, denn die Wesenheiten wissen sehr genau, was sie zu tun haben, und wenn es soweit ist, geben sie uns das Königtum.

Stellt euch einen Prinzen vor, der schon im frühesten Alter zu Bauern geschickt wird, um bei ihnen in Einfachheit und sogar Härte aufzuwachsen. Er weiß nicht, daß er der Erbe eines Thrones ist; jeden Tag geht er in Lumpen zur

Arbeit und hat gerade genug zu essen. Aber
dann, wenn er nach Jahren seine Lehre beendet
hat, holt ihn eines Tages ein prunkvolles Gefolge in einer Kutsche ab. Er versteht nichts und
glaubt, alles sei ein Irrtum. Nein, man hatte ihn
nur deshalb zu den Bauern geschickt, damit er
lernt zu arbeiten, früh aufzustehen und ein ein-
faches Leben zu führen. Denn ihr wißt, was später aus kleinen verwöhnten Prinzen wird: sie
sind launisch, träge und grausam. Als man ihn
im Palast fragt, was er zu essen wünsche, verlangt er nur ein bißchen Brot, eine Zwiebel,
Käse und Wasser. Die Hofleute schütteln natürlich verzweifelt den Kopf, der königliche Koch
hatte Truthähne, Langusten und die besten Wei-
ne vorbereitet... Und wenn ich euch nun sage,
daß ihr alle innerlich Prinzen und Prinzessinnen
seid, Söhne und Töchter Gottes, und daß Gott
euch eines Tages bei den Bauern, zu denen er
euch zum Zwecke der Erziehung geschickt hat,
feierlich abholen läßt? Ja, aber nur, wenn ihr
gut gearbeitet habt, denn sonst kann die Lehre
bei den Bauern jahrhundertelang dauern.

Das Wichtigste ist also, ein neues Haupt ein-
zusetzen, denn dann ändert sich alles. Aber die
Menschen haben noch nicht begriffen, wie wichtig der Kopf ist. Wenn ein neuer Kanzler ge-
wählt worden ist, wird sofort eine neue Regierung mit neuen Ministern eingesetzt. Alles wird

umgestaltet. Warum? Warum behält man nicht
die gleichen? Das ist völlig unmöglich: Durch
das Gesetz der Sympathie, des Magnetismus
wird eine andere Hierarchie, eine neue Ordnung
der Dinge eingeführt. Wenn ein Gangster ge-
wählt wird, gibt er seinen Leuten alle Posten,
und dann herrschen Unordnung und Kriminali-
tät. Solche Veränderungen habt ihr schon beobachtet, nicht wahr? Sobald ein neuer Chef sein
Amt antritt, schickt er alle bisherigen Stellenin-
haber nach Hause und setzt neue Mitarbeiter
ein, die mit ihm übereinstimmen: seine Anhän-
ger, Freunde oder Verwandten.

Warum sagt ihr also, daß ein neuer Kopf
nichts ändert und alles beim alten bleibt? Nein,
alles ändert sich, alle Posten werden Leuten an-
vertraut, die mit der Spitze übereinstimmen.
Wenn der führende Kopf ein Verbrecher ist,
tauchen alle Verbrecher aus der Unterwelt auf,
um ihn zu unterstützen, und wenn es ein Heiliger ist, nehmen alle Heiligen wie alte Bekannte
ganz natürlich ihren Platz um ihn herum ein.

Deshalb sollte der Schüler nun endlich das
beste Haupt, das in der Kabbala „der Weiße
Kopf" genannt wird, an die Spitze seines Wesens setzen. Wenn der Schüler den Herrn an die
Spitze seiner Existenz stellt, lassen die Engel und
Erzengel sich in ihm nieder, um ihn zu begleiten. Der Herr erträgt keine Teufel, sie werden

sofort verjagt, und die himmlischen Wesen kommen und singen, denn anders ist es nicht möglich.

Die wahre Wandlung, die wahre Alchimie, die wahre Magie besteht also darin, den Kopf zu ersetzen. Um dies zu erreichen, muß ein Schüler wenigstens sagen: „Nicht ich will herrschen, ich will dienen, gehorchen, arbeiten, damit Gott sich in mir niederläßt", und so viel arbeiten, wie er kann. Wenn Gott schließlich günstige Bedingungen vorfindet, läßt Er sich in ihm nieder und mit Ihm kommen alle lichtvollen Wesen. Ihr seht, allein durch eine neue Führung ändert sich alles. Es kann gar nicht anders sein. Meint ihr, Gott würde sich irgendwo niederlassen und dann allein bleiben oder von Teufeln umgeben sein? Nein, Er wird von einem ganzen Gefolge außerordentlich schöner Wesen begleitet. Wenn ihr euch bemüht, den Sinn und den Wert der Hierarchie zu verstehen, könnt ihr phantastische Dinge verwirklichen.

X

DIE INNERE SYNARCHIE

Die Menschen glauben, objektiv und uneigennützig über alle Probleme des Lebens zu urteilen; in Wirklichkeit jedoch werden ihre Meinungen von Neigungen und instinktiven Impulsen bestimmt. Das beginnt schon in der Kindheit: ein Kind hält seine Mutter für böse, weil sie ihm nicht erlaubt, so viele Bonbons oder so viel Marmelade zu essen, wie es gerne will und ist überzeugt, eine objektive Meinung zu äußern. Auch wenn die Wünsche und Bedürfnisse sich im Laufe der Jahre ändern, spiegeln sie bis ins hohe Alter die instinktiven Neigungen des Menschen. Man kann also sagen, daß die meisten Ideologien und philosophischen Systeme auf den Bedürfnissen und Wünschen – die oft sogar niederster Natur sind – der Menschen beruhen.

Nehmt zum Beispiel die Theorien über die Sexualität. Da die meisten Männer und Frauen ihre Sexualkraft nicht beherrschen können, ha-

ben Spezialisten Theorien und Regeln aufge-
stellt, die eigentlich keinen absoluten Wert haben und sich nur an schwache und dumme Menschen wenden, die nicht wissen und nicht wissen
wollen, daß die Sexualkraft – statt in Vergnü-
gungen vergeudet zu werden – zu phantastischen
Arbeiten verwendet werden ka n. Das gleiche
gilt auch für alles übrige. Die Menschen sind
deshalb so schwer zu belehren, weil sie die
Wahrheiten der Einweihungslehre erst dann
richtig verstehen und akzeptieren können, wenn
sie sich von ihren niederen Bedürfnissen befreit
haben; diese halten sie nämlich in ihren fal-
schen Auffassungen fest.

Betrachtet auch die politschen Systeme. In
Rom mußte man dem Volk Brot und Spiele ver-
sprechen, um seine Gunst zu gewinnen; in anderer Form und mit anderen Worten ist dies
auch heute noch erforderlich. Schlägt man ihm
andere Ziele vor oder will man ihm gar ver-
ständlich machen, daß die von ihm gewählte
Regierungsform und deren Vertreter oft nur ego-
istische und niedere Neigungen verfolgen und
daß eine Änderung, eine Verbesserung notwendig
wäre, wird man sofort als ein gefährlicher Feind
angesehen, der das Land und die Gesellschaft
zerstören will.

In den meisten Ländern der Welt war die
Monarchie jahrhundertelang die herrschende

Staatsform. War das normal? Ja, denn das Universum ist eine Monarchie, an deren Spitze Gott steht und alles regiert. Es ist daher ganz natürlich, daß jede Regierung im kleinen dieses universelle Modell wiederholt. Da jedoch sehr wenige Monarchen ihrer Aufgabe gewachsen waren, wurden sie gestürzt. Nach und nach hat die Demokratie sich durchgesetzt, die man heute als die beste Regierungsform betrachtet, denn sie läßt den Bürgern die größte Ausdrucks- und Handlungsfreiheit. Ja, solange man nicht qualifizierte, kompetente und erleuchtete Wesen findet – d.h. Menschen, die das wahre Wissen der Einweihungslehre besitzen –, Wesen also, die imstande sind, völlig selbstlos die wahre Autorität auszuüben und die bereit sind, ihr Leben dem Wohl der Gemeinschaft zu widmen, ist die demokratische Regierungsform sicherlich die beste.

In meinen Vorträgen über die Agartha* habe ich von der Synarchie gesprochen. Sie ist der von Saint Yves d'Alveydre verwandte Ausdruck für die Regierungsform der im Inneren der Erde lebenden Wesen. An der Spitze ihrer Regierung stehen drei Wesen: Brahatma, Mahatma und Mahanga. Der Brahatma verkörpert die Auto-

* Siehe Band XXV der Gesamtwerke, Kapitel VIII, 5. Teil

rität, der Mahatma die Macht und der Mahanga
die Ordnung. Unter ihnen stehen, dem Vorbild
der Tierkreiszeichen folgend, 12 Personen, darunter weitere 22 Personen, die den 22 Prinzipien
des WORTES entsprechen, mit dem Gott die
Welt erschaffen hat; dann kommen: 365 Personen, entsprechend den: 365 Tagen des Jahres.

Die Synarchie ist also ein Abbild der kosmischen Ordnung: Gott regiert, die Erzengel führen Seine Befehle aus, und die Naturgeister
schließlich arbeiten überall im Universum an
der Schaffung und Verteilung der Grundstoffe.
Gott hat also eine vollkommene Ordnung geschaffen, aber anstatt sich ihr anzupassen, erfin-
den die Menschen andere, ihnen gemäße Regie-
rungsformen, und das ist die Anarchie. Man
sollte nicht glauben, die Anarchie sei totale Unordnung. Wenn die Ehrgeizigen, Gewalttätigen
und Gierigen regieren, während die Weisen aus-
geschaltet sind, ist dies auch eine Hierarchie,
aber eine umgekehrte. Auch in der Anarchie
gibt es eine Führungsspitze, die die Macht über-
nimmt und der alle gehorchen, weil sie für stark
gehalten wird. Aber anstatt nach Vollkommenheit und kollektiver Harmonie zu streben, ist ihr
Ziel die Unordnung, d.h. die Zerstörung der
göttlichen Ordnung.

Die wahre Hierarchie ist in der Synarchie
verwirklicht. Aber nur sehr wenige Spirituali-

sten haben verstanden – und hierauf bestehe ich, damit ihr mich nicht falsch versteht –, daß die Synarchie vor allem eine Hierarchie ist, die im Inneren eines jeden Wesens herrschen soll. Um die Synarchie wirklich zu verstehen, muß zunächst die Frage der Dreiheit begriffen worden sein. Vater, Sohn und Heiliger Geist, die man in den meisten Religionen findet (Osiris, Isis und Horus bei den Ägyptern; Brahma, Vishnu und Shiva bei den Hindus usw.), sind im Menschen als Macht, Liebe und Weisheit vorhanden.

Schauen wir uns noch einmal das Schema an (siehe Abb.).

Die niedere Dreiheit, die den Willen, das Herz und den Verstand darstellt, kann die Probleme nicht lösen, wenn sie nicht mit der höheren Dreiheit – göttlicher Weisheit, göttlicher Liebe und göttlicher Macht – verbunden ist. Als Hermes Trismegistos auf der Smaragdtafel sagte: ,,Das was unten ist, ist wie das, was oben ist, und das was oben ist, ist wie das, was unten ist", hat er nicht näher erklärt, wie diese Entsprechung zu verstehen ist. Ihr seid sicherlich schon einmal an einem See spazieren gegangen und habt gesehen, wie Häuser und Bäume sich im Wasser spiegeln: nämlich umgekehrt, nicht wahr? Was in der Spiegelung unten ist, ist in Wirklichkeit oben; die Wasseroberfläche ist die Grenze zwischen der oberen und der unteren

Welt, die Grenze, von der ab Dinge und Wesen nur mehr eine Spiegelung der Realität sind. Das gleiche ergibt sich auch aus dem Schema: Was auf der niederen Ebene ganz unten ist, entspricht dem, was auf der höheren Ebene ganz oben ist; dies gilt für die anderen Ebenen entsprechend.

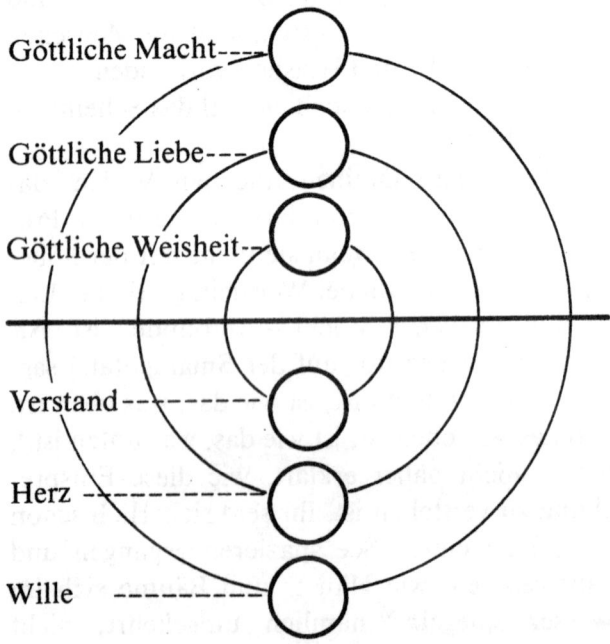

HÖHERE DREIHEIT

Göttliche Macht

Göttliche Liebe

Göttliche Weisheit

Verstand

Herz

Wille

NIEDERE DREIHEIT

Wenn der Schüler durch eine lange Disziplin

und geeignete Übungen die höhere Dreiheit in sich verwirklicht, stellt er die wahre Synarchie in sich her. Ihr müßt wissen, daß die Synarchie erst in jedem einzelnen Menschen realisert werden muß, bevor sie nach außen hin als Regierungsform in Erscheinung treten kann. Die wahre Synarchie besteht darin, daß jeder einzelne das göttliche Prinzip in sich an die erste Stelle setzt, um den göttlichen Gesetzen entsprechend zu verstehen, zu fühlen und zu handeln.

Ob dann tatsächlich drei Personen an der Spitze der synarchischen Regierung stehen, ist gar nicht so wichtig; wesentlich, ja sogar unumgänglich ist nur, daß wenigstens ein Wesen dabei ist, das in sich die drei Prinzipien der höheren Dreiheit vollkommen entwickelt hat, die zusammen regieren sollen (Synarchie stammt aus dem Griechischen „sun" = „mit" und „arkhe" = „Regierung"). Einem solchen Wesen kann jeder unbesorgt vertrauen, denn es wird ihn sicher nicht quälen oder ausbeuten. Und dieses Vertrauen bringt alles in Ordnung. Zweifel, Mißtrauen und Kritik zerstören die Menschen. Sie brauchen jemanden, dem sie vertrauen, den sie bewundern und dem sie folgen können. Deshalb lehrt die Religion, dem Herrn zu vertrauen, Ihn zu lieben, Ihn zu verehren; so können sie sich entfalten und das ewige Leben kosten.

Man sollte aber noch weiter gehen. Jesus sag-

te : „Dein Wille geschehe wie im Himmel also
auch auf Erden". Dies bedeutet, daß der Himmel auch auf Erden vertreten sein sollte. Gott
reicht den Menschen nicht, Er ist so weit weg!
In jedem Land sollte es Vertreter des Herrn geben, Wesen, die die Synarchie in sich selbst verwirklicht haben. Im Moment sind solche Wesen
sehr selten ; und wenn es welche gibt, wollen andere sie beseitigen, denn solche erleuchteten Wesen, die die Schwächen und Verbrechen der anderen so klar erkennen, sind für sie nur hinder-
lich.

Aber wenigstens ihr solltet versuchen die
Synarchie zu akzeptieren – und zwar zu allererst
in euch selbst! Es ist sehr schwierig, die Menschen zu überzeugen, und deshalb solltet ihr sie
in Ruhe lassen und euch nur um euch selbst
kümmern. Anstatt ein armer entthronter Mo-
narch zu sein, der von seinen Untertanen in einem Kerker gehalten wird, den Himmel nur
durch eine winzige Luke sieht und Tag für Tag
nur ein bißchen Brot und Wasser bekommt,
werdet zunächst ein König in eurem eigenen
Reich! Die meisten Menschen leben wie Gefan-
gene, aber sie sind sich dessen nicht bewußt, sie
glauben immer noch, selbst zu regieren. Gott hat
den Menschen nach Seinem Ebenbild geschaffen,
aber der Mensch hat sich von Ihm entfernt ; jetzt
muß er wieder zu Ihm zurückkehren und seine

ursprüngliche Würde zurückgewinnen. Das ist die wahre Synarchie.

Ich habe die Synarchie in meinem 17. Lebensjahr entdeckt, obwohl ich sie damals natürlich noch nicht so nannte. Mich hatte die Tatsache beeindruckt, daß der menschliche Organismus nur dann richtig funktioniert, wenn alle Organe sich einem höheren Prinzip unterordnen, das ihre Funktionen regelt und sie untereinander verbindet; und außerdem, daß die physische Ebene in einem höheren Bereich mit den Gefühlen und die Gefühle wiederum mit der darüberliegenden Gedankenwelt verbunden sind usw. Auf diese Weise bin ich auf das allwissende, allmächtige Prinzip gestoßen, das an der Spitze unseres Wesens alles organisiert und leitet: den Geist, das höhere Ich. Ich fragte mich, wie ich ihn erreichen und mich an ihn wenden sollte, damit er das Königreich in Besitz nähme, das nur er allein regieren kann; nach vielen Versuchen habe ich eine Konzentrationsübung auf einen Punkt am Hinterkopf gefunden, mit der ich die besten Resultate erzielte.

Der Mensch muß zu seinem Geist, seinem höheren Ich zurückfinden und es überzeugen, die Leitung seines ganzen Wesens zu übernehmen; nur so kann er die Synarchie in sich selbst herstellen. Solange er nichts tut, um mit ihm in Kontakt zu treten, greift es nicht ein. Ihr leidet, ihr seid unglücklich oder krank? Das geht das höhere Ich nichts an, es sieht ungerührt zu und leidet nicht. Aber da der Mensch berufen ist, die Vollkommenheit seines höheren Ich zu erreichen, kann er durch Disziplin und geeignete Methoden mit ihm in Verbindung treten, und dann wirkt es Wunder in ihm. Aber bis zu diesem Zeitpunkt sieht es seinen Verrücktheiten und seinen Leiden unerschütterlich zu.

Für die Synarchie arbeiten heißt, den Geist, euer höheres, vollkommenes Ich, von eurem ganzen Wesen Besitz ergreifen zu lassen, denn dann äußert es sich durch euch hindurch und setzt seinen Willen durch, egal was geschieht. Anstatt nachzugeben und mehrmals am Tag zu sagen: „Es war stärker als ich, ich konnte mich nicht beherrschen", solltet ihr in allen Lebenslagen sagen können: „Ich habe es so gewollt" – nicht die dunklen Kräfte in euch, die euch gegen euren Willen und ohne daß ihr es merkt zu irgendetwas drängen. Das ist die wahre Freiheit.

Bei unseren Zusammenkünften hier habt ihr die besten Bedingungen, um mit eurem höheren Ich zu arbeiten. Im Gegensatz zu dem, was an vielen anderen Orten geschieht, sollen die Vorträge nicht nur euren Verstand nähren, sondern euch auch mit dem Himmel verbinden, damit ihr geistige Empfindungen erlebt, die euch andere Bereiche eures Innenlebens entdecken lassen. Deshalb sollten wir uns alle gemeinsam in eine Arbeit vertiefen, in der das Herz, die Seele und der Geist den größten Platz einnehmen. Der Verstand ist nur dazu da, uns den bestmöglichen Weg zu zeigen und zu begründen; die ganze übrige Arbeit muß von Herz, Seele und Geist übernommen werden. Der Verstand erfaßt nur die Oberfläche, nicht aber das Wesentliche.

Intellektuelle Fähigkeiten und ,,das Licht besitzen" sind zwei verschiedene Dinge. Ich bin weder begabt noch intelligent, ich weiß sehr wenig, aber Gott hat mir etwas gegeben, das niemand schätzt: das Licht. Und mit ihm kann ich die Menschen zur Synarchie führen.

Denkt also daran: die wahre Synarchie besteht darin, daß jeder sich dem ihm innewohnenden göttlichen Prinzip unterwirft. Solange nicht jeder einzelne die Synarchie in sich hergestellt hat, kann sie auch nach außen hin nicht verwirklicht werden.

Bruderschaft, ein höherer Bewusstseinsgrad – Die Kongresse der Bruderschaft in Le Bonfin – Jeder Aktivität eine universelle Dimension geben.

207 – Was ist ein geistiger Meister?

Wie man einen wirklichen geistigen Meister erkennt – Von der Notwendigkeit eines geistigen Führers – Spielt nicht den Zauberlehrling! – Spiritualität nicht mit Exotik verwechseln – Vom Ausgleich zwischen geistiger und materieller Welt – Der Meister, ein Spiegel der Wahrheit – Erwartet von einem Meister nur das Licht – Der Schüler vor dem Meister – Die universelle Dimension eines Meisters – Die magische Gegenwart eines Meisters – Die Identifizierung – »Wenn ihr nicht werdet wie die Kinder.«

208 – Das Egregore der Taube
oder das Reich des Friedens

Der tiefere Sinn des Friedens – Die Völkervereinigung und ihre Vorteile – Aristokratie und Demokratie – Kopf und Bauch – Vom Geld – Über die Verteilung des Reichtums – Kommunismus und Kapitalismus, zwei sich ergänzende Philosophien – Für ein neues Verständnis der Wirtschaft – Was jeder Politiker wissen sollte – Das Reich Gottes.

209 – Weihnachten und Ostern
in der Einweihungslehre

Das Weihnachstfest – Die zweite Geburt – Das Erwachen auf den verschiedenen Ebenen – »Wenn ihr nicht sterbt, so werdet ihr nicht leben!« – Die Auferstehung und das Jüngste Gericht – Der Lichtkörper.

210 – Die Antwort auf das Böse

Die zwei Bäume des Paradieses – Das Gute und das Böse - Zwei Kräfte, die das Rad des Lebens drehen – Über die Begriffe des Guten und des Bösen – Das Gleichnis von *Spreu und Weizen*– Die Philosophie der Einheit – Die drei großen Versuchungen – Die Frage der Unerwünschten – Über den Selbstmord – Das Böse durch Licht und Liebe besiegen – Sich spirituell stärken, um die Prüfungen zu bestehen.

211 – Die Freiheit, Sieg des Geistes

Die psychische Struktur des Menschen – Die Beziehungen zwischen Geist und Körper – Schicksal und Freiheit – Der befreiende Tod – Die Freiheit des Menschen liegt in der Freiheit Gottes – Die wahre Freiheit – Sich begrenzen, um sich zu befreien – Anarchie und Freiheit – Über den Begriff der Hierarchie – Die innere Synarchie.

212 – Das Licht, lebendiger Geist

Das Licht, Essenz der Schöpfung – Die Sonnenstrahlen: ihre Natur und ihre Aktivität – Das Gold, kondensiertes Sonnenlicht – Das Licht, das es möglich macht zu sehen und gesehen zu werden – Die Arbeit mit dem Licht – Das Prisma, Bild des Menschen – Die Reinheit – Der Laserstrahl im geistigen Leben.

213 – Die menschliche und göttliche Natur in uns

Menschlich... oder tierisch? – Die niedere Natur, eine Spiegelung der höheren Natur – Auf der Suche nach unserer wahren Identität – Über die Möglichkeit, den Begrenzungen der niederen Natur zu entgehen – Die Sonne, Symbol der göttlichen Natur – Die niedere Natur beherrschen und als Energiequelle benutzen – Die Stimme der göttlichen Natur – Der Mensch kann sich nur dann entfalten, wenn er seiner höheren Natur dient – Die höhere Natur in sich selbst und anderen fördern – Die Rückkehr des Menschen in Gott.

214 – Liebe, Zeugung und Schwangerschaft

Die geistige Galvanoplastik – Mann und Frau - Abbild des männlichen und weiblichen Prinzips – Die Ehe – Lieben ohne Anspruch – Wie man der Liebe eine edlere Ausdrucksform gibt – Der Liebesakt aus der Sicht der Einweihungslehre – Die Sexualkraft, Bestandteil der Sonnenenergie – Die Zeugung eines Kindes – Die Schwangerschaft – Die Kinder von Verstand und Herz – Die Frau soll ihren wahren Platz wieder einnehmen – Das Reich Gottes, Kind der Kosmischen Frau.

215 – Die wahre Lehre Christi

»Vater unser, der Du bist im Himmel« – »Ich und der Vater sind eins« – »Seid vollkommen, wie euer Vater im Himmel vollkommen ist« – »Sucht zunächst das Reich Gottes und seine Gerechtigkeit« – »Wie im Himmel, so auf Erden« – »Wer mein Fleisch ißt und mein Blut trinkt, hat das ewige Leben« – »Vater vergib ihnen, denn sie wissen nicht, was sie tun« – »Wer dich auf eine Backe schlägt« – »Wachet und betet«.

216 – Geheimnisse aus dem Buch der Natur

Das Buch der Natur – Tag und Nacht – Quelle und Sumpf – Die Vermählung, ein universelles Symbol – Die Arbeit mit den Gedanken zur Gewinnung der Quintessenz – Die Macht des Feuers – Die entschleierte Wahrheit – Der Hausbau – Rot und weiß – Der Strom des Lebens – Das neue Jerusalem und der vollkommene Mensch – Lesen und schreiben.

217 – Ein neues Licht auf das Evangelium

»Man füllt nicht jungen Wein in alte Schläuche« – »Wenn ihr nicht werdet wie die Kinder« – Der ungerechte Verwalter – »Sammelt euch Schätze« – »Gehet ein durch die enge Pforte« – »Wer auf dem Dach ist...« – Der Sturm, der sich gelegt hat – »Die Ersten werden die Letzten sein« – Das Gleichnis von den fünf törichten und von den fünf klugen Jungfrauen – »Das ist das ewige Leben, daß sie Dich erkennen, der Du allein wahrer Gott bist!«

218 – Die geometrischen Figuren und ihre Sprache

Die Symbolik der geometrischen Figuren – Der Kreis – Das Dreieck – Das Pentagramm – Die Pyramide – Das Kreuz – Die Quadratur des Kreises.

219 – Geheimnis Mensch

Die menschliche Evolution und die Entwicklung der spirituellen Organe – Die Aura – Das Sonnengeflecht – Das Harazentrum – Die Kundalinikraft – Das System der Chakras.

220 – Der Tierkreis, Schlüssel zu Mensch und Kosmos

Der vom Tierkreis abgegrenzte Raum – Die Entwicklung des Menschen und der Tierkreis – Der planetarische Zyklus der Stunden und Wochentage – Das Kreuz des Schicksals – Die Achsen Widder-Waage und Stier-Skorpion – Die Achse Jungfrau-Fische – Die Achse Löwe-Wassermann – Wasser- und Feuerdreieck – Der Stein der Weisen: Sonne, Mond und Merkur – Die 12 Stämme Israels und die 12 Heldentaten des Herkules in Verbindung mit dem Tierkreis.

221 – Alchimistische Arbeit und Vollkommenheit

Die geistige Alchimie – Charakter und Temperament – Das Erbe aus dem Tierreich – Die Angst – Die Einprägungen – Das Veredeln – Die Verwendung der Energien – Das Opfer, Umwandlung der Materie – Eitelkeit und göttlicher Ruhm – Hochmut und Demut – Die Sublimierung der Sexualkraft.

222 – Struktureller Aufbau und Schichten der Psyche

»Erkenne dich selbst« – Eine synoptische Tafel – Verchiedene Seelen und Körper – Herz, Intellekt, Seele und Geist – Die Schulung des Willens – Körper, Seele und Geist – Äußeres und inneres Erkennen – Vom Intellekt zur Intelligenz – Die wahre Erleuchtung – Der Kausalkörper – Das Bewusstsein – Das Unterbewusstsein – Das höhere Ich.

223 – Geistiges und künstlerisches Schaffen

Kunst, Wissenschaft und Religion – Die göttlichen Quellen der Inspiration – Die Aufgabe der Phantasie – Poesie und Prosa – Die Stimme – Chorgesang – Die beste Weise, Musik zu hören – Magie der Gestik – Die Schönheit – Idealisieren als Mittel zum Schaffen – Das lebendige Meisterwerk – Der Aufbau des Tempels.

224 – Die Kraft der Gedanken

Von der Wirklichkeit der spirituellen Arbeit – Wie stellen wir uns die Zukunft vor – Die psychische Verschmutzung – Leben und Kreisen der Gedanken – Wie die Gedanken sich in der Materie verwirklichen – Nach dem Gleichgewicht von materiellen und spirituellen Mitteln suchen – Die Kraft des Geistes – Einige Gesetze, die bei der geistigen Arbeit zu beachten sind – Das Denken als hilfreiche Waffe – Die Kraft der Konzentration – Die Grundlagen der Meditation – Das schöpferische Gebet – Die Suche nach dem Gipfel.

225 – Harmonie und Gesundheit

Das Wesentliche, das Leben – Die Welt der Harmonie – Harmonie und Gesundheit – Die spirituellen Grundlagen der Medizin – Atmung und Ernährung – Die Atmung – Die Ernährung – Wie man unermüdlich werden kann – Die Pflege der Zufriedenheit.

226 – Das Buch der göttlichen Magie

Die Wiederkehr magischer Praktiken und ihre Gefahr – Der magische Kreis: die Aura – Der magische Stab – Das magische Wort – Die Talismane – Über die Zahl dreizehn – Der Mond, Gestirn der Magie – Die Zusammenarbeit mit den Naturgeistern – Blumen, Düfte – Wir alle üben Magie aus – Die drei magischen Hauptgesetze – Die Hand – Der Blick – Die magische Kraft des Vertrauens – Die wirkliche Magie: die Liebe – Ihr solltet niemals versuchen, Rache zu üben – Exorzismus und Weihe von Gegenständen – Schützt eure Wohnstätte.

227 – Goldene Regeln für den Alltag

Das kostbarste Gut: das Leben – Bringt materielles und geistiges Leben in Übereinstimmung! – Widmet euer Leben einem erhabenen Ideal! – Der Alltag: eine vom Geist umzuwandelnde Materie – Essen: eine Yogaübung! – Die Atmung – Wie man wieder zu Kräften kommt – Wahre Liebe macht unermüdlich – Gestaltet euer Innenleben! – Die Außenwelt spiegelt eure Innenwelt wider – Eure Zukunft wird so sein, wie ihr sie jetzt vorbereitet – Lebt ganz in der Gegenwart! – Achtet immer auf den Anfang! – Bittet um Licht, bevor ihr handelt! – Sich seiner Denkgewohnheiten bewusst werden – Seinem Leben eine spirituelle Richtung geben – Gebt der Praxis den Vorzug!

228 – Einblick in die unsichtbare Welt

Das Sichtbare und das Unsichtbare – Das begrenzte Wahrnehmungsvermögen des Intellekts und das unbegrenzte Wahrnehmungsvermögen der Intuition – Sollte man sich von Hellsehern beraten lassen? – Liebt, und eure Augen werden sich auftun – Die Botschaften des Himmels – Sichtbares und unsichtbares Licht – Die höchsten Entwicklungsstufen der Hellsichtigkeit – Das spirituelle Auge – Gottesvision – Traum und Wirklichkeit – Der Schlaf, Spiegelbild des Todes – Wie man sich im Schlaf schützen kann – Die Reisen der Seele im Schlaf – Physische und psychische Zuflucht – Die Quelle der Inspiration – Die Wahrnehmung sollte höher geschätzt werden als die Vision.

229 – Wege der Stille

Lärm und Stille – Verwirklichung der inneren Stille – Laßt eure Sorgen vor der Tür – Eine Übung: in Stille essen – Die Stille, ein Energiespeicher – Die Wesenheiten der Stille – Harmonie als Voraussetzung der inneren Stille – Die Stille, Voraussetzung der Gedanken – Suche nach Stille, Suche nach Gott – Wort und Logos – Das Wort eines Meisters in der Stille – Stimme der Stille, Stimme Gottes – Die Offenbarungen des gestirnten Himmels.

231 – Saaten des Glücks

Das Glück, eine Gabe, die gepflegt werden muss – Arbeitet an euch selbst, und ihr werdet glücklich! – Die Philosophie der Anstrengung – Spirituelles Licht bringt das wahre Glück – Der Sinn des Lebens – Friede und Glück – Seid *lebendig*, um glücklich zu sein! – Erhebt euch über die Lebensbedingungen! – Öffnet euch immer mehr der göttlichen Welt! – Der Geist steht über den Gesetzen des Schicksals – Die Suche nach Glück ist die Suche nach Gott – Für Selbstsüchtige gibt es kein Glück – Gebt, ohne etwas dafür zu erwarten! – Liebt, ohne Gegenliebe zu verlangen! – Von der Nützlichkeit der Feinde – Der Garten von Seele und Geist – Die Vereinigung auf höherer Ebene – Wir gestalten selbst unsere Zukunft.

233 – Eine Zukunft für die Jugend

Die Jugend ist wie die Erde im Entwicklungsprozess – Die Grundlage unserer Existenz ist der Glaube an einen Schöpfer – Der Sinn für das Heilige – Die Stimme der höheren Natur – Den richtigen Weg einschlagen – Studieren genügt nicht, um dem Leben einen Sinn zu geben – Der Charakter ist wichtiger als alles Wissen – Erfolg wie Misserfolg meistern – Warum wird man in diese oder jene Familie hineingeboren? – Lernt aus den Erfahrungen der Älteren! – Die Liebe unterstützt den Willen – Gebt euch nie geschlagen! – Lasst euch nicht durch eure Fehler entmutigen! – Sexuelle Freiheit...? – Bewahrt die Poesie eurer Liebe!

**In der Reihe Broschüren sind vom gleichen Autor
bisher erschienen:**

Die Vereinigung der Universellen Weißen Bruderschaft
hat die Anwendung der Lehre von Meister Omraam Mikhaël Aïvanhov
zum Ziel. Seine Werke werden herausgegeben und vertrieben vom
Verlag Prosveta

Auskünfte über die Vereinigung durch folgende Adressen:

Deutschland
U.W.B. e.V., Marienstr. 33, D - 78588 Denkingen

Schweiz
FBU, Chemin de la Céramone, CH 1808 Les Monts-de-Corsier
Telefon 021-9219390, Telefax 021-9235127

Österreich
U.W.B., Postfach 335, A - 5016 Salzburg

Verlag – Auslieferung

Editions PROSVETA S.A. - B.P. 12 - 83601 Fréjus Cedex (France)

Tel. 04 94 40 82 41 - Télécopie 04 94 40 80 05

E-mail: international@prosveta.com – Site internet: http://www.prosveta.com

Auslieferungen

AUSTRALIEN
SURYOMA LTD
P.O. Box 798 – Brookvale – N.S.W. 2100
e-mail: suryoma@csi.com
Tel / fax (61) 2 9984 8500

BELGIEN
PROSVETA BENELUX
Liersesteenweg 154 B-2547 Lint
N.V. MAKLU Somersstraat 13-15
B-2000 Antwerpen
Tel. (32) 34 55 41 75
VANDER S.A.
Av. des Volontaires 321 – B-1150 Bruxelles
Tel. (32) 27 62 98 04

BRASILIEN
NOBEL SA – Rua da Balsa, 559
CEP 02910 - São Paulo, SP

BULGARIEN
SVETOGLED
Bd Saborny 16 A appt 11 – 9000 Varna

DEUTSCHLAND
PROSVETA Deutschland
Postfach 16 52 – 78616 Rottweil
Tel. 0741-46551 – Fax. 0741-46552
eMail: Prosveta.de@t-online.de
EDIS GmbH, Mühlweg 2
82054 Sauerlach
Tel. (49) 8104-6677-0
Fax. (49) 8104-6677-99

ENGLAND
PROSVETA, The Doves Nest
Duddleswell Uckfield,
East Sussex TN 22 3JJ
Tel. (01825) 712988 - Fax (01825) 713386
E-Mail: prosveta@pavilion.co.uk

GRIECHENLAND
EDITIONS PROSVETA
VAMVACAS INDUSTRIAL EQUIPEMENT
D. Moutsopoulou 103 – 18541 Piraeus

HONG KONG
SWINDON BOOK CO LTD.
246 Deck 2, Ocean Terminal
Harbour City – Tsimshatsui, Kowloon

IRLAND
PROSVETA, The Doves Nest
Duddleswell Uckfield,
East Sussex TN 22 3JJ, U.K.

ITALIEN
PROSVETA Coop.
Casella Postale – 06060 Moiano (PG)

KANADA
PROSVETA Inc. – 3950, Albert Mines
North Hatley (Qc), J0B 2C0
Tel. (819) 564-8212 Fax. (819) 564-1823
sans frais au Canada: 1-800-854-8212
E-mail: prosveta@prosveta-canada.com
Tel - Fax 075-8358498

KOLUMBIEN
PROSVETA
Avenida 46 n° 19 - 14 (Palermo)
Santafé de Bogotá
Tel. (57) 232-01-36 – Fax (57) 633-58-03

LUXEMBURG
PROSVETA BENELUX
Liersesteenweg 154 B-2547 Lint

NIEDERLANDE
STICHTING
PROSVETA NEDERLAND
Zeestraat 50
2042 LC Zandvoort

NORWEGEN
PROSVETA NORDEN
Postboks 5101
1501 Moss

ÖSTERREICH
HARMONIEQUELL VERSAND
A- 5302 Henndorf, Hof 37
Tel. und Fax (43) 6214 7413

PORTUGAL
PUBLICAÇÕES
EUROPA-AMERICA Ltd
Est Lisboa-Sintra KM 14
2726 Mem Martins Codex

RUMÄNIEN
ANTAR
Str. N. Constantinescu 10
Bloc 16A - sc A - Apt. 9
Sector 1 - 71253 Bucarest

SCHWEIZ
PROSVETA
Société Coopérative
CH - 1808 Les Monts-de-Corsier
Tel. (41) 21 921 92 18
Fax. (41) 21 922 92 04
e-Mail: prosveta@swissonline.ch

SPANIEN
ASOCIACIÓN PROSVETA ESPAÑOLA
C/ Ausias March n° 23 Ático
SP-08010 Barcelona

VEREINIGTE STAATENTEL
PROSVETA U.S.A.
P.O. Box 49614
Los Angeles, California 90049

VENEZUELA
J. L. Carvajal
Puerto Ordaz 8050
e-mail: tierra-nueva@usa.net
Estado Bolivar

ZYPERN
THE SOLAR CIVILISATION BOOKSHOP
73 D Kallipoleos Avenue - Lycavitos
PO. Box 4947, 1355 – Nicosiu
Tel: 02 377503 and 09 680854